Francis Ray Hoff

Fisch von Aal bis Zander

Francis Ray Hoff

Fisch von Aal bis Zander

Köstliches aus Flüssen und Seen

KOMET

Autor und Verlag bedanken sich beim Deutschen Weininstitut
für die Mitarbeit und Unterstützung bei der Entstehung und
Verwirklichung dieses Buches.

Die Weinempfehlungen zu den Rezepten verdanken Autor und Verlag
Johann U. Schäfer, Deutsches Weinstitut.

Das Kochgeschirr wurde freundlicherweise von der Firma WMF
und die Angelgeräte von der Firma Cormoran zur Verfügung gestellt.

Die Fotos auf den Seiten 117 bis 127 stammen vom Deutschen Weininstitut, alle anderen von Francis Ray Hoff.
Lizenzausgabe für Komet Verlag GmbH, Köln
Gesamtherstellung: Komet Verlag GmbH, Köln
Besuchen Sie uns im Internet: www.komet-verlag.de

ISBN 3-89836-273-6

Inhalt

Vorwort

Hinter Hampton Court Palace an der Themse, wo einst Heinrich VIII. residierte, liegt ein künstlich angelegter See, genau eine Meile lang. Er heißt The Long Water. An einem naßkalten Novembertag fing ich dort meinen ersten Hecht.

Seit Ende des Sommers, als die Schulferien vorbei waren, radelte ich jeden Samstag zu einem Nebenfluß der Themse, um Köderfische zu fangen, und dann weiter, um mein Glück in einer Bucht zwischen wuchernden Seerosen von dem Long Water zu versuchen, aber ohne Erfolg. Ich dachte schon, es sei nur ein Gerücht, daß es Hechte in diesem See gab. Und als der Stopsel eines Samstagnachmittags über das Wasser schlitterte und unter der Oberfläche verschwand, mußte ich zweimal hinschauen, um es zu glauben.

Ich gab dem Hecht Zeit, den Köder zu drehen und schlug dann an. Die Rute, die ich aus einer alten Panzerantenne gebastelt hatte, bog sich plötzlich zum Halbkreis, und die Bremse der alten Grundrolle knatterte wie ein Rasenmäher. Aber trotz einiger Fluchtversuche des Fisches in Richtung Seerosen hatte ich ihn bald gelandet. Ich versetzte ihm einen kräftigen Schlag mit dem Fischtöter. Und da es noch früh war, angelte ich weiter. An diesem Nachmittag fing ich vier Hechte. Und obwohl ich weiterhin jeden Samstag nach Hampton Court radelte, ging mir nie wieder im Long Water ein Hecht an die Angel. So ist es aber mit dem Fischen, sonst gäbe es nicht die frustrierten Angler, die heimlich beim Fischhändler vorbeifahren, um wenigstens einen gekauften Fisch mit nach Hause bringen zu können.

Als ich mit meinem ersten Hecht nach Hause radelte, sah ich mich schon in der Rolle des Ernährers der Familie und stellte mir vor, mit welchen Raffinessen meine Beute zum Mittagessen am Sonntag zubereitet werden könnte.

Die Begeisterung meiner Mutter hielt sich jedoch sehr in Grenzen. Ihre Erfahrungen mit Fisch waren auf die Goldbarschfilets beschränkt, die sie jeden Freitag panierte. Der Hecht mit seinem mächtigen Gebiß war ihr nicht ganz geheuer. Sie nahm ihn mit spitzen Fingern entgegen, um ihn auf eine Platte zu legen. In diesem Moment erwachte der Hecht zu neuem Leben. Mit einem heftigen Schwanzschlag entwischte er ihr und schlitterte durch die Küche. Bis der Fisch wieder eingefangen war, ich ihm einen endgültigen Schlag mit Mutters Nudelholz verpaßt hatte und der Fußboden aufgewischt war, waren einige unmißverständliche Hausregeln für künftige Fischbeuten aufgestellt. Erstens sollte ich meine Fische selber versorgen, und zwar im Garten. Zweitens sollte ich sie selber braten und drittens eine halbwegs saubere und gelüftete Küche hinterlassen!

Das war vor etwas über vierzig Jahren. Wehmütig denke ich an diese Zeit zurück, denn leider habe ich nicht mehr so viel Zeit zum Fischen zu gehen. Aber inzwischen sind Wild- und Fischküche zu meinem Wochenendvergnügen geworden. Vor einigen Jahren begann ich, meine Rezepte niederzuschreiben; und dieses Buch ist das Ergebnis. Es ist aber keineswegs nur für Angler gedacht, sondern für jeden, der gern Fisch ißt. Es soll auch eine Anregung sein, sich an seltener angebotenen Fischen, wie Waller, Schleie, Barsch oder Rutte, zu versuchen. Und für Leute, die solche Fischarten nur von der Speisekarte kennen, gibt es ein Verzeichnis der kulinarisch wichtigsten Fische mit deren genauer Beschreibung. Da beim Kochen das Experimentieren der halbe Spaß ist und da bei vielen Fischarten die Rezepte untereinander getauscht werden können, finden Sie im Register am Ende dieses Buches verschiedene Varianten.

Die Medien haben immer wieder über den Frischezustand der Fische, die auf dem Markt angeboten werden, berichtet. Aber frischer als der Fisch, den man selber fängt oder direkt bei Berufsfischern kauft, kann er gar nicht sein. Süßwasserfische sollen allerdings nicht zu frisch in die Pfanne wandern. Im Gegensatz zu Meeresfischen, wie der Makrele, die schon über Nacht viel von ihrem feinen Geschmack verliert, sollen Fluß- und Seefische erst nach 24 Stunden gegessen werden!

Wie jeder weiß, »muß ein Fisch schwimmen«. Und gerade zu einem Fischessen haben deutsche Winzer eine Vielfalt an Weinen anzubieten. Ein einheimischer Fisch braucht eben einen heimischen Wein. Zu einem Mittelmeerfisch paßt ein Pinot Grigio, aber zu einem Donauwaller sollte es doch ein Grauburgunder sein, auch wenn es sich um die gleiche Rebe handelt. Und da das Kochen auch Spaß machen soll, kann man sich schon bei der Zubereitung ein Gläschen genehmigen.

München, im Mai 1997 *Francis Ray Hoff*

Lachs

Salm · *Salmo Salar*

Schonmaß	kein
Schonzeit	ganzjährig
Laichzeit	Spätherbst bis Winter
Eiweißgehalt	19,9 %
Fettgehalt	13,6 %
Kalorien pro 100 g	217

Um die Jahrhundertwende wurden am Oberrhein über 2000 Lachse im Jahr gefangen, und obwohl der ein oder andere Lachs immer noch in der Elbe oder im Rhein gefangen wird, ist der Salm in Deutschland so gut wie ausgestorben.

Bei dem großen Angebot von Lachs handelt es sich meistens um Zuchtlachs, der ein wohlschmeckendes und farbiges Fleisch hat. Ein Zuchtlachs ist jedoch nicht zu vergleichen mit einem frisch gestiegenen Silberlachs, der an seiner silbernen Farbe und an den Seeläusen zu erkennen ist.

Je länger der Lachs sich im Süßwasser aufhält, desto dunkler wird er. Nach dem Ablaichen sterben die meisten Lachse, nur 5–10 Prozent der Fische überleben und ziehen dann wieder flußabwärts ins Meer. In diesem Stadium sind sie abgemagerte ›Kelts‹, die für die Küche wertlos sind.

Bachforelle

Verche · Föhre · *Salmo Trutta Fario*

Schonmaß	26 cm
Schonzeit	1. Oktober bis 28. Februar
Laichzeit	Spätherbst bis Winter
Eiweißgehalt	19,5 %
Fettgehalt	2,7 %
Kalorien pro 100 g	112

Die Bachforelle, die in europäischen Flüssen und Bächen heimisch ist, unterscheidet sich von der Meerforelle (Salmo Trutta), die wie der Lachs die meiste Zeit ihres Lebens im Meer verbringt, durch ihre olivgrüne Farbe und leuchtendrote Tupfen.
Seeforellen (Salmo Trutta Lacustris) haben keine farbigen Tupfen.

Die Farbe des Fleisches variiert von Rosa und Goldgelb bis Weiß je nach Nahrungsangebot. Der Wert des Fleisches wird jedoch von der Wasserqualität bestimmt und nicht von der Farbe.

Forellen haben kleine Rundschuppen, werden aber grundsätzlich nicht geschuppt.

Regenbogenforelle

Purpurforelle · *Salmo Gairdneri Irideus*

Schonmaß	26 cm
Schonzeit	15. Dezember bis 15. April
Laichzeit	Frühjahr
Eiweißgehalt	19,5 %
Fettgehalt	2,7 %
Kalorien pro 100 g	112

Die ersten Regenbogenforellen wurden 1882 zum ersten Mal in deutschen Gewässern eingeführt. Die Regenbogenforelle unterscheidet sich von der heimischen Bachforelle durch die rötlich-irisierende Farbe der Flanken, gleicht ihr aber fast in allen anderen Eigenschaften.

Sie gelten als nicht standorttreu. Neuere Untersuchungen haben gezeigt, daß Regenbogenforellen aus Teichzuchten gegenüber eingeborenen Bachforellen oft nicht konkurrenzfähig sind und deswegen gern abwandern.

Regenbogenforellen wachsen schneller als Bachforellen und werden in größeren Mengen gezüchtet als irgendein anderer Süßwasser-Speisefisch. Die Qualität des Fleisches ist aber von der Wasserqualität und dem Nahrungsangebot abhängig.

- Einen frisch gefangenen Lachs sollte man dämpfen, um den feinen Geschmack möglichst unverfälscht zu genießen.
- Lachs kann auch im Ganzen, filetiert oder als Steaks gebraten werden.
- Den klassischen Räucherlachs, der kalt geräuchert wird, sollte man besser von einem Spezialisten zubereiten lassen.
- Warm geräucherter Lachs schmeckt auch herrlich, kann aber nicht so lang aufbewahrt werden.
- Lachs eignet sich auch bestens für Pasteten, Terrinen, Klößchen und Mousse.

- Große Forellen können genau wie ein Lachs gedämpft, gebraten oder gegrillt werden.
- Kleine Forellen brät man am besten in der Pfanne.
- Für mehrere Personen können sie auch in einem Bräter im Ofen gebraten werden.
- Geräuchert schmecken Forellen sowohl kalt als auch warm.
- Das Fleisch von Forellen eignet sich auch für Klößchen, Terrinen und Mousse.

- Regenbogenforellen können genau wie Bachforellen zubereitet werden.
- Da sie in Portionsgröße aus Zuchtteichen jederzeit lieferbar sind, erscheinen sie häufig auf Speisekarten als »Forelle blau«. So sehen sie sehr hübsch aus, schmackhafter sind sie aber gebraten.

Huchen

Rotfisch · Huch · Hauch · Hauchforelle · Heuch
Hucho Hucho

Schonmaß	70 cm
Schonzeit	15. Februar bis 31. Mai
Laichzeit	Frühjahr bis Frühsommer
Eiweißgehalt	ca. 19 %
Fettgehalt	ca. 1 %
Kalorien pro 100 g	ca. 100

Der Huchen ist der edelste aller Süßwasserfische. Seine Verwandtschaft mit dem König der nordischen Gewässer, dem Lachs, ist sofort erkennbar. Der Körper ist zwar langgestreckter, die Fettflosse größer und die Flanken kupferschillernd, aber von der Größe und der Anmutung erinnert er eindeutig an seinen atlantischen Vetter.

In Deutschland kommt der Huchen in schnellfließenden Gewässern des Donaugebiets vor, die genügend Tiefe und geeignete Nebenflüsse als Laichgründe bieten.

Der Huchen ist ein ausgesprochener Winterfisch, der zwar schon im Sommer gefangen werden darf, aber seine richtige Kondition erst dann erreicht, wenn Schnee liegt.

Das Fleisch ist weiß und unvergleichlich fein im Geschmack. Früher wurden an der Isar große Huchenessen veranstaltet. Nach alten Rezepten soll der Fisch zwei bis drei Tage vor dem Zubereiten kühl gelagert werden.

Bachsaibling

Bachrötel · Rötel · Rotforelle · Schwarzrötel
Salvelinus Fontinalis

Schonmaß	20 cm
Schonzeit	1. Oktober bis 28. Februar
Laichzeit	Spätherbst bis Winter
Eiweißgehalt	17,8 %
Fettgehalt	0,7 %
Kalorien pro 100 g	95

Diese farbenprächtige Forellenart ist in kalten Gewässern ansässig und gedeiht sogar in der Quellenregion prächtig. Bachsaiblinge sind in der Regel kleiner als Bachforellen, aber hervorragende Speisefische.

Er unterscheidet sich von dem ihm sehr ähnlichen Seesaibling (Salvelinus Alpinus Salvelinus) durch einen schwarzen Streifen hinter dem weißen Rand der Brust-, Bauch- und Afterflossen.

Der Namaycush (Salvelinus Namaycush) ist eine amerikanische Saiblingart, die in hochgelegenen Bergseen über 2000 Meter gedeiht und ein Gewicht von über 3 Kilogramm erreichen kann.

Äsche

Asch · Asche · Mailing · Springer · Perpel
Thymallus Thymallus

Schonmaß	35 cm
Schonzeit	1. Januar bis 30. April
Laichzeit	Frühjahr
Eiweißgehalt	ca. 19 %
Fettgehalt	ca. 2 %
Kalorien pro 100 g	ca. 95

Frisch gefangene Äschen haben einen unverwechselbaren Thymiangeruch, dem sie ihren lateinischen Namen *Thymallus* verdanken. Wie Forellen haben sie eine kleine Fettflosse, große Rundschuppen und eine gräuliche Farbe, die ihnen ihren englischen Namen ›Grayling‹ verliehen hat. In England heißt die Äsche auch ›Lady of the Stream‹ wegen ihrer fahnenähnlichen Rückenflosse, die während der Laichzeit violett schillert.

In den Chalk Streams von Hampshire wird sie meistens als unerwünschte Konkurrentin der Forelle betrachtet. In Deutschland hat sie aber bei Kennern einen höheren Stellenwert als ihre rotgetupfte Verwandte. Das Fleisch ist weiß und sehr fein im Geschmack.

Leider haben die Kormorane diesen edlen Fisch in einigen Gewässern fast ausgerottet. Da sich Äschen gern in Schwärmen zusammengesellen, ist es den berüchtigten ›Schwarzfischern‹ möglich, sie mit regelrechten Treibjagden zu verfolgen, indem sie sie von einem Ufer zum anderen hin- und hertreiben.

- Ein Huchen kann nach jedem Lachsrezept zubereitet werden. Er hat aber weniger Fett.
- Er sollte, wenn möglich, als ganzer Fisch feierlich auf den Tisch kommen. Ein großer Fischkessel reicht für einen Fisch von 75 Zentimetern und mit Hilfe des gelochten Einsatzes kann er leicht auf eine Platte gelegt werden.
- Der abgebildete Isarhuchen wog 40 Pfund. Bei dieser Größe lohnt es sich, den Fisch zum Bäcker zu bringen und ihn in Blätter– oder Briocheteig backen zu lassen.
- Der Huchen eignet sich auch zum Marinieren, oder man macht aus ihm ein Carpaccio.
- Ein großer Huchen kann bis zu einem Pfund Kaviar produzieren, der ganz einfach zuzubereiten ist.

- Bachsaiblinge haben weniger Fett als Bachforellen und werden deshalb am besten in Butter gebraten.
- Wie bei Bachforellen kann man mehrere Fische in einem Bräter im Ofen garen.
- Seesaiblinge, die größer als Bachsaiblinge werden können, werden gedämpft, gebraten oder gegrillt wie ein kleiner Lachs.
- Saiblinge können auch wie Forellen geräuchert werden.
- Saiblingfilets eignen sich besonders gut zum Marinieren.

- Bei gedämpften Äschen bietet es sich an, ihren Eigengeruch mit frischem Thymian zu unterstützen.
- Bei gebratenen Äschen kann man auch einige Thymianstengel in die Bauchhöhlen stecken.
- Äschen schmecken auch hervorragend geräuchert.
- Wie Forellen lassen sich Äschen besonders gut zu Terrinen und Sülzen verarbeiten.

Renke

Maräne · Kilch · Felchen · *Coregonus spez.*

Schonmaß	30 cm
Schonzeit	15. Oktober bis 31. Dezember
Laichzeit	Spätherbst bis Winter
Eiweißgehalt	17,8 %
Fettgehalt	3,2 %
Kalorien pro 100 g	109

Renken gibt es in so vielen regional unterschiedlichen Formen, daß es unmöglich ist, sie alle zu beschreiben. Die Unterschiede bestehen teilweise nur in der Anzahl der Kiemenreusendornen. Aber ob es sich um Schweberenken, Maränen oder Felchen handelt, sie haben alle die kleine Fettflosse der Salmoniden, große Rundschuppen, eine eingekerbte Schwanzflosse und eine silbrige Farbe. Man könnte sie fast als Süßwasser-Heringe bezeichnen, allerdings haben sie nur ein Sechstel von deren Fettgehalt.

Renken halten sich immer in Schwärmen auf und werden selten mit der Angel gefangen. Sie sind der ›Brotfisch‹ der Berufsfischer an Voralpenseen in Bayern, Österreich und in der Schweiz.

Zander

Schill · Hechtbarsch · Nagemaul · Sandbarsch
Sandart · Saumer · *Stizostedion Lucioperca*

Schonmaß	50 cm
Schonzeit	15. März bis 30. April
Laichzeit	Frühjahr
Eiweißgehalt	19,2 %
Fettgehalt	0,7 %
Kalorien pro 100 g	93

Daß der Zander ein Raubfisch ist, läßt sich sofort an seinen ›Hundszähnen‹ erkennen. Er hat zwei Rückenflossen mit Stachelstrahlen in der ersten Rückenflosse und je einen Dorn an den Kiemendeckeln. Bei einem Jungzander können die Querstreifen auf den Flanken zu einer Verwechslung mit dem Barsch führen, hätte der Barsch nicht einen dunklen Punkt auf der ersten Rückenflosse und der Zander eigenartig reflektierende Augen, die ihn auch in trübem Wasser seine Beute erkennen lassen.

Zander gedeihen besonders gut in Gewässern mit Kies- oder Sandboden, aber ihre Anpassungsfähigkeit an alle Wasserqualitäten macht sie sowohl für den Angler als auch für den Berufsfischer zu einem wichtigen Besatzfisch.

Das delikate Fleisch des Zanders hat wenig Kalorien, ist fast grätenlos und kann auf viele Arten zubereitet werden.

Barsch

Egli · Perling · Bürschling · Schretz · *Perca Fluviatilis*

Schonmaß	kein
Schonzeit	keine
Laichzeit	Frühjahr bis Frühsommer
Eiweißgehalt	18 %
Fettgehalt	0,8 %
Kalorien pro 100 g	89

Mit seinen dunklen Querstreifen und orangeroten Flossen ist der Barsch einer der buntesten Fische der heimischen Gewässer. Eigentlich heißt er Flußbarsch, obwohl er auch in den meisten Seen vertreten ist.

Seine rauhen Kammschuppen sind mühsam zu entfernen. Meistens wird er filetiert, wie die berühmten Eglifilets vom Bodensee. Beim Verarbeiten des Fisches muß auf die nadelscharfen Strahlen der ersten Rückenflosse und den spitzen Dorn an den Kiemendeckeln geachtet werden.

Die kleinen Barsche von 15–20 Zentimeter Länge, die in manchen Gewässern gefangen werden, haben keine Relation zu dem biologischen Abwuchs. Ein Barsch kann 2 Kilogramm wiegen. Der Angelrekord liegt bei knapp 4 Kilogramm!

Das feste weiße Fleisch wird von Kennern teilweise dem der Forelle vorgezogen. Auch der kleine Kaulbarsch ist ein schmackhafter Bratfisch, nur braucht man viele für eine Mahlzeit!

- Die frisch gefangenen Fische haben sehr locker sitzende Schuppen und werden deshalb sofort geschuppt. Das Fleisch ist weiß, sehr zart und fein im Geschmack.
- Renken kann man pochieren wie Forellen, aber das zarte Fleisch schmeckt besser gebraten.
- Filetiert mit kroß gebratener Haut schmecken sie besonders gut.
- Geräucherte Renken sehen wie vergoldet aus und sind lauwarm oder kalt eine Delikatesse.
- Renken kann man auch marinieren oder süßsauer einmachen.

- Ein Zander kann gedämpft werden wie ein Lachs.
- Ein von oben ausgenommener Zander läßt sich besonders gut füllen und braten.
- Filets können auf einem Gemüsebett gedünstet oder mit Haut in der Pfanne kroß gebraten werden.
- Zanderfarcen können in Pasteten und Terrinen verarbeitet werden.
- Zanderschnitten können auch warm geräuchert werden.

- Größere Barsche können im Ofen gebraten oder auf einem Gemüsebett gedünstet werden.
- Kleine Barsche werden am besten filetiert und in der Pfanne gebraten.
- Barsche können auch geräuchert werden und müssen dazu nicht geschuppt werden.
- Das feste Fleisch, das nicht auseinanderbricht, eignet sich auch bestens, um Röllchen oder Ragout herzustellen.

Hecht

Hengste · Höcht · Schnöck · Schnücke · Schnuck
Esox Lucius

Schonmaß	50 cm
Schonzeit	15. Februar bis 15. April
Laichzeit	Frühjahr
Eiweißgehalt	18,4 %
Fettgehalt	0,9 %
Kalorien pro 100 g	89

Der Hecht ist der perfekte Räuber: Durch seine marmorierte Färbung ist er gut getarnt; seine weit hinten angesetzte Rückenflosse, die kräftige Schwanzflosse und die dazu passende Afterflosse lassen ihn wie eine Rakete aus dem Stillstand beschleunigen und dann gibt es für seine Beute vor den nach hinten gebogenen Hechelzähnen kein Entkommen mehr.

Er ist standorttreu, duldet keinen Rivalen in seiner Nähe und betrachtet kleinere Artgenossen als genauso willkommene Beute wie Frösche oder gelegentlich auch ein Entenküken.

Das Fleisch wird von jeher von Feinschmeckern geschätzt. Allerdings sind die oberen Hälften der Filets mit lästigen kleinen Gräten gespickt. Deswegen wird das Hechtfleisch oft durch ein Haarsieb gestrichen und zu den berühmten Hechtklößchen verarbeitet.

Der Hecht ist ein ausgesprochener Winterfisch. Obwohl die Schonzeit im April zu Ende ist, erreicht er erst im September seine richtige Kondition.

Karpfen

Cyprinus Carpio

Schonmaß	kein
Schonzeit	keine
Laichzeit	Mai
Eiweißgehalt	18 %
Fettgehalt	4,8 %
Kalorien pro 100 g	125

Der Karpfen ist der traditionelle Speisefisch zu Weihnachten, Silvester und Ostern. Er stammt ursprünglich aus Asien, stand aber schon bei den alten Griechen auf dem Speiseplan.

Es gibt drei Hauptarten: den Schuppenkarpfen, den Lederkarpfen, der kaum Schuppen hat, den Spiegelkarpfen mit seinen Riesenschuppen und den ihm sehr ähnlichen Zeilkarpfen. Vom Geschmack her sind sie gleichwertig. Die Wasserqualität entscheidet über Konsistenz und Geschmack des Fleisches.

Zwei kleinere Karpfenarten sind noch erwähnenswert: Giebel und Karauschen. Sie erreichen nur eine Größe von 20–25 Zentimetern und werden wie Karpfen zubereitet.

Karpfen werden 40–50 Jahre alt und können ein Gewicht von 20–30 Kilogramm erreichen. In dieser Größe sind sie allerdings nicht mehr für die Küche geeignet.

Schleie

Schlei · Schlie · Schleiforelle · Schleiche · *Tinca Tinca*

Schonmaß	26 cm
Schonzeit	keine
Laichzeit	Mai bis Juni
Eiweißgehalt	17,7 %
Fettgehalt	0,7 %
Kalorien pro 100 g	85

Früher glaubte man, daß der Hautschleim der Schleie, der ihr vermutlich auch ihren Namen gegeben hat, Heilwirkung besitzt. In England wird sie »Doctor Fish« genannt. Inzwischen weiß man aber, daß es sich um einen Aberglaube gehandelt hat.

Für den Angler ist sie eine enorme Herausforderung, da sie sehr wählerisch ist, wenn es um Köder geht, die sie wenn überhaupt nur sehr zögerlich nimmt.

Obwohl die Schleie einen höheren Stellenwert verdient, wird sie oft nur als Beifisch des Karpfens betrachtet. Mit ihrer olivgrünen Haut, den orangeroten Augen und den kleinen Rundschuppen, die ihren Flanken einen messingartigen Schimmer geben, ist sie wesentlich eleganter als der Karpfen. Auch ihr Fleisch ist subtiler im Geschmack und hat einen viel geringeren Fettgehalt.

- Ein Hecht kann im Fischkessel gedämpft werden und schmeckt warm und kalt.
- Wenn man ihn im Ofen brät, kann er auch wie ein Rehrücken gespickt werden.
- Aufgrund seines langgestreckten Körpers kann er in Koteletts geschnitten werden.
- Quenelles de Brochet, Hechtklößchen, sind eine traditionelle Delikatesse.
- Auch für Pasteten und Terrinen ist sein Fleisch bestens geeignet.

- Karpfen können in einem klassischen Blausud gedämpft oder pochiert werden.
- Auf einem Gemüsebett im Ofen gebraten oder gedünstet sind sie pikanter.
- Kleinere Karpfen werden am besten wie Forellen in der Pfanne gebraten.
- Karpfen können auch als Gulasch oder Ragout zubereitet werden.
- Karpfenrogen kann zu einer sehr feinen Mayonnaise verarbeitet werden.

- Schleien können nach jedem Karpfenrezept zubereitet werden.
- Sie eignen sich bestens zum Dämpfen oder Pochieren und sind dann eine ideale Schonkost.
- Ob gebraten oder gedünstet – die Schleie entfaltet in beiden Fällen einen unvergleichlichen Geschmack.

Aal

Ohl · *Anguilla Anguilla*

Schonmaß	40 cm
Schonzeit	keine
Eiweißgehalt	15 %
Fettgehalt	24,5 %
Kalorien pro 100 g	299

Der Aal ist in allen Gewässern, die mit der Nord– oder Ostsee verbunden sind, heimisch. Er ist inzwischen aber auch in fast allen Gewässern des Voralpengebiets durch Besatz eingeführt worden.

Einerseits schätzt man den Aal wegen seines festen Fleisches und feinen Geschmacks als Delikatesse, andererseits ist er wegen seines hohen Fettgehalts nicht jedermanns Sache. Zieht man jedoch die dicke Außenhaut und die graue Innenhaut ab, wird dabei ein großer Teil des Fettes mit entfernt.

Wie bei allen Fischen enthält die Niere Bitterstoffe. Aber beim Aal muß die Verlängerung der Niere, der sogenannte Aalpfropfen, hinter dem Weidloch auch herausgeschnitten werden. Beim Ausnehmen muß auch darauf geachtet werden, daß kein Aalblut in eine offene Wunde gelangt. Es ist giftig und führt meistens zu Entzündungen.

Waller

Wels · *Silurus Glanis*

Schonmaß	70 cm
Schonzeit	keine
Laichzeit	Frühsommer
Eiweißgehalt	15,3 %
Fettgehalt	11,3 %
Kalorien pro 100 g	175

Der Waller ist der größte heimische Süßwasserfisch. Er kann 60 Jahre alt werden und ein Gewicht von über 100 Kilogramm erreichen. Es gibt sogar Berichte über Fische von 300 Kilogramm und mehr!

Mit seinen sechs Barteln, die fast wie Antennen aussehen, seinen kleinen Augen, der marmorierten Haut und dem riesigen Maul, gespickt mit Hechelzähnen, wirkt er wahrhaftig wie ein Ungeheuer.

Wie der Aal hält er sich tagsüber in der Tiefe auf und wird erst nachts aktiv. Seine Haut hat eine dicke Schleimschicht und sein Blut ist giftig.

Trotz seines bedrohlichen Aussehens ist der Waller aber bei Köchen und Feinschmeckern sehr beliebt. Das Fleisch ist fast grätenfrei, fest und läßt sich auf die verschiedensten Arten zubereiten. Wie der Lachs hat er einen relativ hohen Fettgehalt, aber einen feinen Geschmack.

Rutte

Quappe · Trüsche · Treische · Aalquappe · Quappaal
Lota Lota

Schonmaß	20 cm
Schonzeit	keine
Laichzeit	Winter
Eiweißgehalt	ca. 18 %
Fettgehalt	ca. 2 %
Kalorien pro 100 g	ca. 105

Die Rutte ist das einzige Süßwasser-Mitglied der großen Dorschfamilie mit dem typischen Bartfaden am Unterkiefer und der runden Schwanzflosse. Ihre Haut ist braun marmoriert und dunkelt bei ihrem Tod sofort nach.

Sie ist in hartgründigen Seen und schnellfließenden Gewässern von Nord- bis Mitteleuropa verbreitet. Da sie ein berüchtigter Laichräuber ist, ist sie in Forellengewässern unerwünscht.

Leider wird sie in Deutschland selten angeboten. Einige Feinschmecker behaupten nämlich, daß Rutten den feinsten Geschmack von allen Süßwasserfischen haben.

Das weiße Fleisch ist ungewöhnlich fest und hat, wenn es schon gar ist, noch immer etwas Biß. Die fetthaltige Leber ist eine besondere Delikatesse.

- Aal kann pochiert und anschließend auch als Sülze zubereitet werden.
- Ein geräucherter Aal kann lauwarm oder kalt gegessen werden.
- Aalstücke können am einfachsten in der Pfanne gebraten werden.
- Das feste Fleisch der Filets eignet sich bestens für warme Pasteten und Ragouts.
- Aalstücke schmecken auch sehr gut in einer Marinade aus Weißwein und Öl.

- Wenn man einen Waller dämpft, sollte man ihn am besten nur mit einer Buttersauce servieren.
- Die Filets brät man natürlich in der Pfanne oder auf einem Gemüsebett im Ofen.
- Das feste Fleisch eines Wallers eignet sich auch hervorragend für Ragouts und warme Pasteten.
- Die schmackhaftesten Fischpflanzerl lassen sich aus Wallerfilet zubereiten.
- Geräucherter Waller schmeckt vorzüglich, besonders wenn er noch warm ist, und mit einem pikanten Gemüse.

- Eine Rutte kann in einer einfachen kurzen Brühe pochiert werden.
- Der Fisch kann auch rund gebunden werden und im Ofen gebraten oder gedünstet werden.
- In Koteletts geschnitten oder filetiert wird er gebraten.
- Das besonders feste Fleisch ist sehr gut geeignet für Ragouts und warme Pasteten.
- Die Leber wird als Leckerbissen gebraten oder in einer Farce verarbeitet.

Edelkrebs

Astacus Astacus

Schonmaß	12 cm
Schonzeit	für weibliche Krebse 1. Oktober bis 31. Juli
Eiweißgehalt	15 %
Fettgehalt	0,5 %
Kalorien pro 100 g	64

Der Edelkrebs und der kleinere Sumpfkrebs sind die einzigen heimischen Krebse. Die Krebspest von 1877–1880 hat sie fast ausgerottet. Aber in einigen Gewässern gedeihen sie nach wie vor. Unter günstigen Bedingungen hat der Krebs nach fünf Jahren ein Gewicht von 150 Gramm und eine Länge von 15–20 Zentimetern erreicht.

Edelkrebse sind an ihrer bräunlichen Farbe und den großen, kräftigen Scheren, die auf der Unterseite rot sind, zu erkennen.

Männliche Krebse, die an den vier Griffelbeinen zu erkennen sind, haben keine Schonzeit.

Der Signalkrebs, der eine ähnliche Größe hat, ist stahlblau, darf aber nur mit der Genehmigung der Regierung ausgesetzt werden, da er den Edelkrebs vertreibt. Kambakrebse und Sumpfkrebse sind kleiner als der Edelkrebs.

Die einzige humane Methode Krebse zu töten, besteht darin sie einzeln mit dem Kopf zuerst in kochendes Wasser zu werfen!

Weißfische

Die zahlreichen Weißfisch-Arten der heimischen Flüsse und Seen haben leider alle sehr viele Gräten. Die Filets werden daher am besten durch den Fleischwolf gedreht und zu Pflanzerln verarbeitet.

Barben *(Barbus Barbus)* bevorzugen tiefe, schnell fließende Gewässer und werden von Anglern als kämpferische Sportfische geschätzt. Sie haben wohlschmeckendes Fleisch und eignen sich auch gut als Steckerlfisch. Der Barbenrogen ist allerdings giftig und führt zu Magenverstimmungen.

Brachsen *(Abramis Brama)* sind in vielen Seen die Brotfische der Berufsfischer. Sie sind besonders hochrückig und werden deshalb oft halbiert. Am besten schmecken sie geräuchert.

Döbel oder **Aitel** *(Leuciscus Cephalus)* sind die am häufigsten vorkommenden Angelfische in heimischen Gewässern. Sie nehmen von der Kunstfliege bis zur Kirsche nahezu jeden Köder. Zwar ist diese Art mit ihrer messingschimmernden Farbe schön anzusehen, glaubt man jedoch einem Autor der Jahrhundertwende, schmeckt sie wie »Watte mit Stecknadeln gespickt«.

Gründlinge *(Gobio Gobio)* wurden früher in größeren Mengen in der Themse gefangen und galten, obwohl sie sehr klein sind, als Spezialität. Häufig wird – besonders in England – das Fleisch der Gründlinge dem der Forellen vorgezogen. Um sie anzulocken, wühlt man den Kiesboden mit einem eisernen Rechen auf. Die Fische wurden dann sofort am Ufer gebraten.

Haseln *(Leuciscus Leuciscus)* bevorzugen schnell fließende Gewässer und steigen auch auf Trockenfliegen. Haseln sind schmackhafte Bratfische. Sie ähneln jungen Döbeln, sind aber aufgrund der eingebuchteten Afterflosse leicht von ihnen zu unterscheiden.

- Krebse im Weinsud sind ein kulinarisches Erlebnis. In der Gastronomie rechnet man sechs Krebse pro Person, aber für ein richtiges Krebsessen muß man das Zwei- bis Dreifache rechnen.
- Krebssuppe ist ein traditioneller Auftakt zu den feinsten Festessen.
- Mit Krebsfleisch kann jedes Fischragout oder warme Pasteten verfeinert werden.
- Aus Krebsschalen läßt sich ganz einfach Krebsbutter herstellen.
- Mit ausgelösten Krebsschwänzen kann man die delikatesten Salate zubereiten.

Die Laichzeiten der Süßwasser-Fische können je nach Witterung und Gewässer stark variieren und decken sich daher nicht immer mit den Schonzeiten. Wie das Wild nach der Brunft, brauchen auch die Fische einige Zeit, um sich von der Anstrengung des Laichens zu erholen. Ihre richtige Kondition für die Küche erreichen sie erst vier bis acht Wochen nach der Laichzeit.

Ausnehmen und Filetieren

Die Bauchdecke vom Weidloch bis zu den Kiemen mit einem spitzen Messer aufschneiden, den Inhalt der Bauchhöhle herausziehen und die Niere unterhalb des Rückgrats abkratzen.

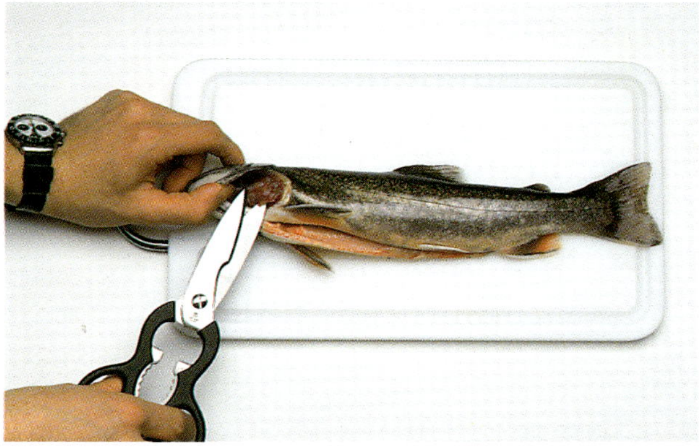

Die Kiemenbögen, die wie die Niere Bitterstoffe enthalten, mit einer Küchenschere herausschneiden.

Ausnehmen und in Koteletts schneiden

Die Schuppen mit einem Messer von der Schwanzwurzel bis zum Kopf abschaben.

Die Flossen mit einer Küchenschere abschneiden. Den Kopf abtrennen, und den Inhalt der Bauchhöhle von vorne mit dem Stielhaken einer Küchenkelle herausziehen.

Von oben ausnehmen

Von der Schwanzwurzel bis zum Kopf mit einem spitzen Messer einen Schnitt entlang des Rückens machen.

Beidseitig entlang des Rückgrates und der Rippen schneiden, dann vorsichtig das Bauchfell auslösen.

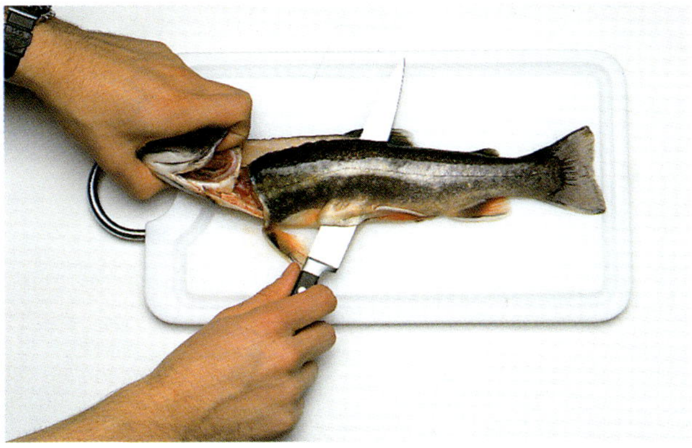

Direkt hinter den Kiemen jeweils einen Einschnitt machen und die Klinge entlang des Rückgrats bis zur Schwanzwurzel führen.

Die Filets jeweils mit einer Gabel festhalten, dann die Rippengräten und das Bauchfell in einer Schicht mit einem flachen Schnitt auslösen. Der Rest des Fisches kann für eine Fischbrühe verwendet werden.

Den Rumpf mit einem starken Messer in Koteletts schneiden. Bei einem großen Fisch mit einem starken Rückgrat dem Messerrücken einen Schlag mit einem Holzhammer geben.

Bei jeder Scheibe die Niere von der Unterseite des Rückgrats wegkratzen, gut waschen und beispielsweise mit einer Farce füllen.

Mit einer Küchenschere das Rückgrat vorne und hinten durchtrennen. Anschließend das Rückgrat zusammen mit dem Inhalt der Bauchhöhle herausziehen.

Das Rückgrat und die Innereien wegwerfen, die Kiemenbögen herausschneiden, und dann den Fisch füllen.

Kurze Brühe

Diese Brühe nimmt man zum Dämpfen oder Pochieren.

4 Karotten
das Weiße von 4 Stangen Lauch
150 g Petersilienwurzel
2 Zwiebeln
2 l Wasser
1/2 Bund frischer Thymian
2 TL Zucker
2 TL Salz
20 weiße Pfefferkörner
Butter

Das Gemüse schälen, in Scheiben schneiden und in einem Schmortopf oder Fischkessel mit Butter andünsten. Das Wasser dazugießen, Zucker, Salz, Pfeffer und Thymian hinzugeben, aufkochen und 20 Minuten köcheln lassen. Anschließend den Thymian entfernen.

Verfeinerte kurze Brühe

3 Karotten
das Weiße von 3 Stangen Lauch
100 g Petersilienwurzel
1 Stange Staudensellerie
100 g Schalotten
1/2 l Weißwein
1/4 l Weinessig
1 1/4 l Wasser
Saft von 1 Zitrone
2 Stengel frischer Estragon
2 TL Zucker
2 TL Salz
20 weiße Pfefferkörner
Butter

Das Gemüse putzen, in Scheiben schneiden und in einem Schmortopf oder Fischkessel mit Butter andünsten. Den Wein, den Essig, das Wasser und den Zitronensaft dazugießen. Mit Salz, Zucker, Pfeffer und Estragon würzen, aufkochen und 20 Minuten köcheln lassen.

Fischbrühe

Fischbrühe wird hauptsächlich für Terrinen und Saucen gebraucht. Wenn man Fischköpfe mitkocht, müssen vorher die Kiemenbögen entfernt werden.

1 kg Edelfischreste
3 Karotten
das Weiße von 3 Stangen Lauch
100 g Petersilienwurzel
100 g Schalotten
1 Stange Staudensellerie
25 g Champignons
1 1/4 l Wasser
1/2 l Weißwein
1/2 l Weinessig
2 Lorbeerblätter
einige Stengel frischer Thymian
2 TL Zucker
2 TL Salz
20 weiße Pfefferkörner
Butter

Das Gemüse putzen, in Scheiben schneiden und in einem Schmortopf mit Butter andünsten. Mit Wasser, Weißwein und Essig löschen. Die Fischreste, Thymian, Lorbeerblätter, Pfefferkörner, Zucker und Salz dazugeben, aufkochen und 30 Minuten köcheln lassen. Abseihen und eventuell reduzieren.

Süsswasser-Bouillabaisse

Die klassische Bouillabaisse wird mit Knoblauchzehen gewürzt. Solange der feine Geschmack der Edelfische nicht überdeckt wird, kann man auch diese Version mit Knoblauch zubereiten.

Für 4 Personen

4 Edelkrebse
180 g Lachsfilet
180 g Saiblingfilet
180 g Zanderfilet
4 kleine Barsche
1 1/4 kg Fischreste (Zander, Saibling, Forelle)
2 Zwiebeln
1 Stange Lauch
2 Stangen Staudensellerie mit etwas Grün
2 Karotten
600 g Tomaten, ohne Haut und Kerne
2 1/4 l Wasser
3/4 l Weißwein
1 Bund frischer Thymian
1 Bund Petersilie
1 TL Fenchelsamen
2 Lorbeerblätter
2 Döschen Safran à 0,1 g
Salz, Cayennepfeffer, Butter

Zwiebeln, Lauch, Sellerie und Karotten in Scheiben schneiden und in einem Gemüsetopf oder Paellapfanne mit Butter andünsten.

Die Tomaten und die Kräuter dazugeben, mit Wasser und Wein löschen, mit Salz, Fenchel und Safran würzen, aufkochen und 20 Minuten köcheln lassen.

Die Petersilie und den Thymian ausdrücken und wegwerfen, das Gemüse in eine Schüssel geben und aufheben. Die Fischreste in den Sud geben und weitere 30 Minuten köcheln lassen, abseihen und mit Cayennepfeffer abschmecken.

Die Krebse in kochendes Salzwasser werfen, 2 Minuten kochen, dann 10 Minuten im siedenden Fischsud ziehen lassen. Nach 5 Minuten das Gemüse und die kleinen Barsche dazugeben. Die Fischfilets in Stücke schneiden und 4 Minuten im Sud ziehen lassen.

Die Bouillabaisse mit Selleriegrün garniert und mit gerösteten Weißbrotscheiben servieren.

Diese Bouillabaisse wird geprägt vom Fruchtfleisch der Tomate, das für pikante Säure mit feiner Süße sorgt. Thymian und Petersilie ergänzen mit feinherber Note.
Der Wein sollte hier Duft und Geschmack der Bouillabaisse unterstützen und die Ansammlung von Säure vermeiden. Ein leicht nussig-buttriger Charakter ist von Vorteil. Leichte geschmeidig-gereifte und trockene Kabinettweine der Burgundertypen Weißburgunder, Grauburgunder und Chardonnay erfüllen diese Erwartungen.

Süssaure Renken

Eingelegte Renken halten sich im Kühlschrank über mehrere Monate.

Für 6 Personen

5–6 Renken
2 Zwiebeln
6 Lorbeerblätter
1 EL Zucker
4 rote Chilischoten
6 Wacholderbeeren
3/4 l Weißweinessig (5%)
Salz
Mayonnaise (siehe S. 114)
rote Zwiebeln

Die Renken schuppen, ausnehmen und gut waschen. Die Köpfe abschneiden und jeweils vom Weidloch bis zur Schwanzwurzel beidseitig entlang des Rückgrats schneiden, so daß es freiliegt. Anschließend das Messer dicht unter die Rippen führen und schräg nach vorne schneiden, so daß die Rippen freistehen. Danach Rückgrat und Rippen in einem Stück vorsichtig herausziehen.

Die Fische innen und außen salzen, zusammenklappen und 24 Stunden zugedeckt im Kühlschrank ziehen lassen.

Die Zwiebeln in Ringe schneiden und schichtweise, zusammen mit den Renken und den Gewürzen in ein Glas geben. Den Zucker in Essig auflösen, das Glas damit auffüllen und fünf bis sechs Tage an einem kühlen Ort stehenlassen.

Die Renken vorsichtig aus dem Glas nehmen, in Stücke schneiden und mit Mayonnaise und roten Zwiebelringen servieren.

Hierzu schmecken Pellkartoffeln oder Vollkornbrot.

Wer großen Wert auf angenehmen Weingenuß legt, sollte die roten Zwiebelringe nur als Garnitur betrachten und zur Seite legen. Die Marinade durchdringt die Renken mit süßsauren, aber auch etwas herben Komponenten. Deshalb sollte die Gewichtung beim Wein eher umgekehrt sein: Leichte halbtrockene bis liebliche Weißweine mit feinen Kräuternoten sind besonders angenehm, z. B. Bacchus Kabinett von der Nahe, Kerner Kabinett aus Württemberg oder halbtrockener Müller-Thurgau Kabinett von Saale-Unstrut.

Marinierter Aal mit Gemüse

Da der Aal viel Fett enthält, paßt eine Marinade mit reichlich Säure besonders gut dazu.

Für 6 Personen

1 kg Aal
2 Karotten
300 g kleine Steinpilze oder Champignons
1 rote Paprika
1 gelbe Paprika
250 g grüne Bohnen
18 Grillzwiebeln
einige grüne Oliven

Für die Marinade:

5 Tassen Hühnerbrühe
2 Tassen Olivenöl
$2^1/_2$ Tassen trockener Weißwein
Saft von 5 Zitronen
1 Bund Petersilie
1 Bund frischer Thymian
6 rote Chilischoten
2 Knoblauchzehen
Salz

Für die Marinade alle Zutaten aufkochen und dann 30 Minuten zugedeckt köcheln lassen. Die Chilischoten und den Knoblauch entfernen, die Petersilie und den Thymian ausdrücken und wegwerfen.

Das Gemüse putzen, die Karotten und die Steinpilze in Scheiben und die Paprika in Rauten schneiden. Die Gemüse in der Marinade garen: Die Zwiebeln, die Pilze und die Paprika etwa 5 Minuten kochen lassen, die Karotten etwa 10 Minuten und die Bohnen 10–15 Minuten je nach Größe. Das Gemüse soll noch Biß haben, da es nachher in der Marinade noch weicher wird. Das Gemüse in einen anderenTopf geben, zudecken und zur Seite stellen.

In der Zwischenzeit den Aal mit Salz abreiben, in schräge Stücke schneiden und 15–20 Minuten in der Marinade kochen. Die Aalstücke zu dem Gemüse geben, die Marinade etwas abkühlen lassen, darüber gießen und über Nacht zugedeckt stehenlassen.

Die Aalstücke filetieren, die Haut abziehen und auf eine große Platte legen, das Gemüse dazulegen und mit einigen Oliven dekorieren.

Dazu Weißbrot servieren.

Die deutlich von Zitrone und Chilischoten pikant-sauer geprägte Marinade durchzieht das Gemüse und den Aal. Um eine Addition von Säure zu vermeiden, sollten hierzu säuremilde, dezente Weißweine mit mäßigem Körper gereicht werden. Ein trockener Silvaner Kabinett aus Franken oder ein Rivaner (Müller-Thurgau) aus Baden sind eine gute Ergänzung.

Gedämpfter Lachs

Ein frisch gestiegener Wildlachs sollte nach klassischer Art gedämpft werden, so entwickelt er seinen unverfälschten Geschmack am besten.

Für 8 Personen

1 Lachs von 3–4 kg
2 l kurze Brühe (siehe S. 22)
frischer Thymian
Salz, weißer Pfeffer

In einem Fischkessel von 80–90 Zentimeter Länge eine kurze Brühe herstellen, dann die Hitze bis zum Siedepunkt reduzieren.

Den Fisch ausnehmen, waschen, innen gut salzen, einige Thymianstengel in die Bauchhöhle stecken und auf dem gelochten Einsatz in den Fischkessel legen. Den Lachs 1–1½ Stunden ziehen lassen, wobei die Brühe nicht kochen darf, da der Fisch sonst platzt und das Fleisch grau wird. Damit die Schwanzflosse nicht am Einsatz kleben bleibt, kann man eine halbierte Karotte darunter legen. Der Fisch ist gar wenn sich die Bauchflosse leicht abziehen läßt.

Den Fisch kurz abtropfen lassen und auf eine Platte legen. Mit einem spitzen Messer um die Kiemen und Schwanzflosse schneiden sowie entlang des Rückens und vom Weidloch bis zum Schwanz, dann vorsichtig die Haut von der Oberseite in einem Stück abziehen.

Zum warmen Fisch eine Buttersauce, neue Kartoffeln und einen grünen Salat, zum kalten Fisch Mayonnaise, Weißbrot und Salat reichen.

Dezente, leichte und mäßig säurebetonte Weißweine unterstreichen das Lachsaroma besonders gut. Die Weinauswahl ist aber auch davon abhängig, ob der Lachs kalt oder warm gereicht wird: Zum kalten Lachs empfiehlt sich ein trockener Weißburgunder Kabinett aus Baden, zum warmen Lachs eine reife Riesling Spätlese, trocken bis halbtrocken aus dem Rheingau oder von der Hessischen Bergstraße.

Forelle mit grünem Spargel

Für 6 Personen

1 Forelle von 1½ kg
1 l kurze Brühe (siehe S. 22)
1 kg grüner Spargel
Salz, weißer Pfeffer

In einem Fischkessel von etwa 50 Zentimeter Länge eine kurze Brühe zubereiten und anschließend die Hitze bis zum Siedepunkt reduzieren.

Den Fisch ausnehmen, waschen, innen gut salzen, einige Thymianstengel in die Bauchhöhle stecken und auf dem gelochten Einsatz in den Fischkessel legen.

Die Forelle 45 Minuten ziehen lassen, wobei die Brühe nicht kochen darf, da der Fisch sonst platzt und das Fleisch grau wird. Damit die Schwanzflosse nicht am Einsatz kleben bleibt, kann man eine halbierte Karotte darunter legen. Der Fisch ist gar wenn sich die Bauchflosse leicht abziehen läßt.

Den Fisch auf eine Platte legen und, solang er noch warm ist, die Haut von der Oberseite abziehen. Mit Frischhaltefolie zudecken und kalt stellen. Die auslaufende Flüssigkeit mehrmals mit Küchenkrepp aufsaugen.

Den Spargel putzen, kochen und die Hälfte des Spargels als Garnitur nehmen. Mit dem restlichen Spargel, Weißbrot und Tomatenvinaigrette (siehe S. 114) servieren.

Da die Forelle bei dieser Zubereitung ein sehr neutrales Geschmacksbild aufweist, ist die Weinauswahl hier besonders von der Beilage abhängig. Zur Forelle pur bietet sich ein trockener bis halbtrockener Silvaner Kabinett aus Rheinhessen an. Bei grünem Spargel, der eine leicht nussige bis buttrige Note aufweist, und der süß-säuerlichen Tomatenvinaigrette muß der Wein säureärmer, aber gleichzeitig geschmacksintensiver sein. Deshalb empfiehlt sich hier ein Grauburgunder Kabinett, trocken bis halbtrocken aus der Pfalz.

Gedämpfter Huchen mit Saiblingklösschen

Da ein großer Huchen nicht in einem Fischkessel gedämpft werden kann, sollte man ihn zum Bäcker bringen, um ihn dort in Brioche- oder Brotteig backen zu lassen.

1 Huchen von maximal 75 cm Länge
300 g Saiblingfilet
60 g geschälte Schalotten
2 l kurze Brühe mit Estragon (siehe S. 22)
2 Scheiben Weißbrot
2 Eigelb
150 g Sahne
2 EL gehackter Estragon
Fischbrühe (siehe S. 22)
Salz, Cayennepfeffer
Krebsbutter (siehe S. 116)
Butter

Den Huchen ausnehmen, waschen, innen salzen und in einer kurzen Brühe im Fischkessel ziehen lassen.

Die Schalotten in Scheiben schneiden, in Krebsbutter glasig braten und kalt stellen.

Das Saiblingfilet in Streifen schneiden und in eine Schüssel geben.

Die Rinde vom Weißbrot abschneiden, die Scheiben in Würfel schneiden und dazugeben. Das Eigelb und die Sahne darüber verteilen, die Schalotten dazugeben, den Estragon darüber streuen und mit Salz und Cayennepfeffer vorsichtig würzen. Die Mischung in der Küchenmaschine zerkleinern, bis sie zu einer glatten Farce wird, dann kalt stellen.

Den gedämpften Huchen auf eine vorgewärmte Platte legen und mit einem spitzen Messer um Kiemen und Schwanzflosse sowie entlang des Rückens und vom Weidloch bis zum Schwanz schneiden. Den Fisch mit Folie zudecken und warm halten.

Einen Eßlöffel in heißes Wasser tauchen, damit ein Klößchen aus der Saiblingfarce stechen und in siedender Fischbrühe garen. Nach und nach die restlichen Klößchen auf gleiche Weise zubereiten und zu dem Huchen legen. Währenddessen die Butter zerlassen.

Die Haut von der Oberseite des Fisches in einem Stück abziehen, den Huchen mit zerlassener Butter übergießen und mit Blattpetersilie oder Rucola garnieren.

Dazu Salzkartoffeln und grünen Salat servieren.

Huchen in der angegebenen Größe hat ein sehr zartes Fleisch mit dezentem Geschmack. Deshalb sollten die dazu gereichten Weine ebenfalls ein dezentes Bukett, mäßige Säure und wenig Restsüße aufweisen. Gereifte Riesling Spätlesen, trocken bis halbtrocken, aus den nördlichen Anbaugebieten sind gute Begleiter.

Saiblingfilet mit warmer Vinaigrette

Zu einem gedämpften Saibling mit Gemüse kann man auch eine Buttersauce servieren.

Für 6 Personen

900 g Saiblingfilet
12 Grillzwiebeln
3 Petersilienwurzeln
6 Karotten
2 Stangen Lauch
einige Thymianstengel
12 Pfefferkörner
1 TL Salz

Die Grillzwiebeln schälen, die Karotten, die Petersilienwurzeln und das Helle vom Lauch in Scheiben schneiden. Das Gemüse in 1 Liter Salzwasser mit dem Thymian blanchieren und in Folie warm halten.

Die Saiblingfilets in Stücke schneiden, salzen und nacheinander mit der Gemüsebrühe dämpfen.

Mit dem blanchierten Gemüse, Salzkartoffeln und warmer Vinaigrette (siehe S. 114) servieren.

Hauptgeschmacksgeber sind die mit Thymian blanchierten Gemüse, der leicht bittere Lauch, die süßlichen Karotten, die mild-würzige Petersilie und der aromatisch-herbe Thymian, und die mildsaure Vinaigrette. Leichte, feinaromatische und trockene bis halbtrockene Weißweine der Sorten, Bacchus, Kerner oder Rivaner sind hier angenehme Partner.

Gedämpfter Hecht mit Gurkenragout

Für 8 Personen

1 Hecht von $2^1/_2$–3 kg
4 Salatgurken
500 g Kirschtomaten
3 Bund Dill
1 Zitrone
Salz
Vinaigrette (siehe S. 114)
2 l verfeinerte kurze Brühe (siehe S. 22)

Den Hecht ausnehmen, ohne ihn zu schuppen, gut waschen und in die Bauchhöhle Zitronensaft träufeln. Den Fisch innen und außen salzen, einen Bund Dill in die Bauchhöhle legen und den Hecht in einem Fischkessel mit einer verfeinerten kurzen Brühe etwa 1 $^1/_2$ Stunden dämpfen. Den fertigen Hecht auf eine Platte legen und mit einem spitzen Messer um Kiemen und Schwanzflosse schneiden sowie entlang des Rückens und vom Weidloch bis zum Schwanz, dann vorsichtig die Haut von der Oberseite abziehen, solange er noch warm ist. Mit Frischhaltefolie zudecken, kalt stellen und 2 Stunden stehenlassen. Dabei mehrmals die auslaufende Flüssigkeit mit Küchenkrepp aufsaugen.

In der Zwischenzeit drei Gurken schälen, der Länge nach halbieren, die Kerne entfernen und in halbmondförmige Stücke schneiden. Die Gurkenstücke salzen, 2 Stunden ziehen lassen und in einem Tuch leicht ausdrücken. Einen Bund Dill hacken, darüber streuen und mit Vinaigrette vermischen.

Die vierte Gurke in feine Scheiben schneiden und damit die Oberseite des Hechts von der Schwanzflosse bis zu den Kiemen schuppenartig belegen. Das Gurkenragout dazu anrichten, mit Dill und Kirschtomaten garnieren.

Dazu Weißbrot und Mayonnaise oder Rouille.

Ein gedämpfter Hecht kann auch warm mit gedünstetem Gurkengemüse, Dill und zerlassener Butter gegessen werden.

Hauptgeschmacksgeber sind die aromatischen, süßsauren Tomaten und das vom herben Geschmack des Dills geprägte Gurkenragout. Ähnliche Geschmackskomponenten sollte der Wein enthalten. Gut gereifte trockene bis halbtrockene Riesling Spätlesen von Mosel-Saar-Ruwer oder Mittelrhein erfüllen diese Erwartungen.

Hecht- und Lachsklösschen auf Römersalat

Für 6 Personen

Für die Lachsklößchen:

400 g Lachsfilet
80 g geschälte Schalotten
3 Scheiben Weißbrot
150 g Sahne
2 Eigelb
1 Ei
1 Bund Basilikum
Salz, Cayennepfeffer, Senfpulver
Butter

Für die Hechtklößchen:

400 g Hechtfilet
80 g geschälte Schalotten
2 Scheiben Weißbrot
200 g Sahne
2 Eier
je 1 EL Petersilie, Kerbel, Schnittlauch, Estragon, gehackt
Salz, weißer Pfeffer
2 l Fischbrühe (siehe S. 22)

helle Buttersauce (siehe S. 113)
1 kg Römersalat
250 g gefrorene Erbsen
Salz

Die Schalotten schälen, in dünne Scheiben schneiden, in Butter glasig braten und kalt stellen.

Das Lachsfilet in Streifen schneiden und in eine Schüssel geben. Die Rinde des Weißbrots abschneiden, die Scheiben in Würfel schneiden und dazugeben. Die Sahne, das Ei und die Eigelb darüber verteilen, die Hälfte der Schalotten dazugeben und mit Salz, Senfpulver und etwas Cayennepfeffer vorsichtig würzen. Die Mischung in der Küchenmaschine zerkleinern, bis sie zu einer glatten Farce wird, dann kalt stellen.

Das Hechtfilet mit der anderen Hälfte der Schalotten und den weiteren Zutaten zu einer zweiten Farce verarbeiten, dann auch kalt stellen.

Die Salatblätter vom Strunk abschneiden, gut waschen und in kochendem Salzwasser blanchieren. Die Erbsen dazugeben, das Gemüse gut abtropfen lassen, auf einer vorgewärmten Platte verteilen, mit Folie zudecken und warm halten.

Einen Eßlöffel in heißes Wasser tauchen, damit ein Klößchen aus der Fischfarce stechen und in siedender Fischbrühe garen. Nach und nach die restlichen Klößchen auf gleiche Weise zubereiten, mit Folie zudecken und warm halten.

Die Klößchen auf den Römersalat legen, mit heller Buttersauce übergießen und die restliche Sauce dazu servieren.

Dazu Reis oder Weißbrot servieren.

Bestimmend für die Weinauswahl sind die mild-süßliche leichte Buttersauce und der zartbittere Geschmack des Römersalats. Deshalb empfehlen wir leichte, filigrane Weißweine mit etwas nussigem Geschmack und milder Säure, wie etwas gereiften und trockenen Weißburgunder Kabinett aus Rheinhessen oder trockenen Nobling Kabinett aus Baden.

Äschen in Thymianbutter

Der leichte Thymiangeruch einer frisch gefangenen Äsche wird mit Thymianbutter noch betont.

Für 6 Personen

2 Äschen à 500–600 g
2 l Brühe
1 Bund Thymian
200 g Butter
½ Zitrone
Salz

Eine verfeinerte kurze Brühe mit einigen Thymianstengeln zubereiten, 20 Minuten kochen lassen, die Hitze reduzieren und sieden lassen.

Die Äschen ausnehmen und gut waschen, ohne sie zu schuppen. Die Fische innen salzen, jeweils etwas Thymian in die Bauchhöhle legen und etwa 30 Minuten im Sud ziehen lassen.

In der Zwischenzeit die restlichen Thymianblätter zupfen, in Butter andünsten und mit Salz und Zitronensaft abschmecken.

Die Äschen auf eine Platte legen, mit einem spitzen Messer um Kiemen und Schwanzflosse sowie entlang des Rückens und vom Weidloch bis zum Schwanz schneiden, dann vorsichtig die Haut von der Oberseite in einem Stück abziehen. Die Thymianbutter darüber gießen und mit Petersilie garnieren.

Dazu Salzkartoffeln und grüne Bohnen servieren.

Der deutlich herb-würzige Thymian und die Butter sind ausschlaggebend für die Weinauswahl. Ein reifer Grauburgunder oder ein Chardonnay trocken (wenn es gefällt, auch mit sanfter Barriquenote) sind hier angemessen.

Krebse in Weinsud

Für 4 Personen

$3^1/_2$ kg Edelkrebse
1 l Weißwein
2 l Wasser
100 g Schalotten
1 Stange Lauch
2 Stangen Staudensellerie mit etwas Grün
3 Karotten
50 g Petersilienwurzel
2 Zitronen
2 Bund Dill
1 EL Kümmel
3 TL Salz
3 TL Zucker
Cayennepfeffer
Butter

Das Gemüse in Scheiben schneiden und in einem großen Gemüsetopf andünsten. Mit Wasser, Wein und Zitronensaft löschen und mit Salz, Zucker, Kümmel und Dill würzen. Aufkochen, den Dill wegwerfen und mit Cayennepfeffer abschmecken.

Die Krebse in kochendem Salzwasser 2 Minuten kochen lassen und anschließend im siedenden Sud 8–10 Minuten je nach Größe ziehen lassen.

Dazu eine Buttersauce (siehe S. 113) oder Mayonnaise (siehe S. 114) und einen grünen Salat servieren.

Die Entscheidung zwischen Buttersauce oder Mayonnaise muß bei der Weinauswahl berücksichtigt werden. Allgemein passen zu den Krebsen leichte Weiß- oder Grauburgunder mit mäßiger Säure sehr gut. Wenn Buttersauce gereicht wird, darf der Wein auch etwas Restsüße zeigen.

Gedämpfter Waller in Basilikumbutter

Statt mit Basilikum kann man die Butter zum gedämpften Waller auch mit Thymian, Estragon oder Petersilie zubereiten.

Für 6 Personen

1 Waller von 2 kg
2 Bund Basilikum
200 g Butter
1/2 Zitrone
Salz
2 l Brühe

Eine verfeinerte kurze Brühe mit etwas Basilikum herstellen, 20 Minuten kochen lassen, die Hitze reduzieren und sieden lassen.

Den Waller mit Salz abreiben, den Kopf und die Flossen abschneiden und die Innereien vorne herausziehen. Den Fisch in Koteletts schneiden und die Niere entfernen, gut waschen. Die Fischkoteletts salzen, mit der Brühe dämpfen und auf eine vorgewärmte Platte legen.

In der Zwischenzeit die restlichen Basilikumblätter zupfen, in Streifen schneiden, in Butter andünsten und mit Salz und Zitronensaft abschmecken. Die Hälfte der Butter über die Wallerstücke verteilen und die andere Hälfte mit neuen Kartoffeln und Karottengemüse dazu servieren.

Waller zählt zu den geschmacksintensiven Süßwasserfischen, sein starker Eigengeschmack wird ergänzt durch die aromatisch-herbe Basilikumbutter. Die dazu gereichten Weine sollten trocken, geschmacksbetont und gehaltvoll wie eine Grauburgunder Spätlese sein.

Schleien mit Federweisser

Schleien gehören zwar zu der Familie der Karpfen, haben aber wesentlich weniger Fett, sind noch feiner im Geschmack und können mit jedem leichten Weißwein gedämpft werden.

Für 4 Personen

2 Schleien à 500–600 g
1/2 l Federweißer
1 Karotte
1 Petersilienwurzel
2 Schalotten
Salz, 6 weiße Pfefferkörner

Die Fische mit Salz abreiben, ausnehmen, waschen, innen und außen salzen und 2 Stunden stehenlassen.

Das Gemüse in Scheiben schneiden, mit den Fischen und den Pfefferkörnern in einen Fischkessel oder Bräter geben und den Federweißen dazugießen. Den Sud aufkochen lassen und dann die Hitze bis zum Siedepunkt reduzieren.

Die Fische im Sud 20–30 Minuten ziehen lassen, bis sie gar sind, auf eine Platte legen. Mit etwas Sud eine Buttersauce (siehe S. 113) zubereiten.

Dazu Erbsenschoten und Reis servieren.

Der zum Kochen verwendete Federweiße sollte schon deutlich angegoren sein, sonst wird der Geschmack zu süß. Der zum Essen gereichte Federweiße darf ruhig eine noch sehr deutliche Süße haben.

Gebackener Lachs

Sollte der Fisch nicht in einen Bräter passen, kann er auch in Alufolie gegart werden. Ist er auch dafür zu groß, sollte man ihn lieber filetieren. Wenn er als ganzer Fisch serviert wird, dann auf jeden Fall mit Kopf.

Für 8 Personen

1 Lachs von 2½ kg, ausgenommen
frisches Basilikum
Salz, weißer Pfeffer
Butter

Zwei Stücke Alufolie anderthalbmal so groß wie der Fisch aufeinanderlegen und am Rand dreimal umfalten, so daß ein großes Stück entsteht.

Den Fisch waschen, trockentupfen und mit Salz und Pfeffer würzen. Die Folie auf der Innenseite mit Butter einfetten, den Lachs darauflegen, das Basilikum in die Bauchhöhle geben und die Folie luftdicht zusammenfalten und etwa 75 Minuten backen.

Mit zerlassener Butter oder einer Buttersauce (siehe S. 113), mit Reis und Gurkensalat servieren.

Durch das Garen in der Folie werden der Duft und Geschmack intensiviert, ergänzt durch die feinbittere Note des Basilikums. Dem wirken mittelkräftige, gut gereifte Weißweine mit saftigem Eigengeschmack gut entgegen. Trockene Kabinettweine wie Weiß- und Grauburgunder aus Baden passen genauso wie sehr reife Riesling Spätlesen vom Rheingau.

Gegrillter Lachs

Paßt der Lachs nicht in den Ofen, so kann man ihn gut im Freien grillen.

Für 8 Personen

1 Lachs von 2½ kg, ausgenommen
frische Kräuter
Salz, Pfeffer aus der Mühle
Butter

Den Fisch waschen, trockentupfen und mit Salz und Pfeffer würzen. Die Folie auf der Innenseite mit Butter einfetten, den Lachs darauflegen, die Kräuter in die Bauchhöhle geben und die Folie luftdicht zusammenfalten. Auf jeder Seite etwa 30 Minuten grillen.

Dazu Weißbrot und Salat servieren.

Durch das schnelle Garen bei großer Hitze wird der Geschmack des Fisches besonders intensiv. Deshalb müssen die dazu gereichten Weine auch kraftvoll und geschmacksintensiv sein. Trockener Grauburgunder und herzhafte Weißherbste erfüllen diese Forderungen.

Renken im Speckmantel

Renken haben ein sehr zartes Fleisch und dürfen nicht zu lang gebraten werden.

Für 6 Personen

6 Renken à 250 g, ausgenommen
700 g passierte Tomaten
300 g milder Frühstücksspeck
120 geschälte Schalotten
2 Bund Rosmarin
Salz, Cayennepfeffer
Olivenöl

Die Schalotten in Scheiben schneiden und in einem Topf mit Olivenöl glasig braten. Die Tomaten dazugeben, mit Salz und Cayennepfeffer abschmecken und in einem Bräter verteilen.

Die Renken ausnehmen, waschen, innen gut salzen und jeweils einen kleinen Rosmarinzweig hineinlegen. Außen leicht salzen, mit Frühstücksspeck umwickeln, in den Bräter legen und mit etwas Olivenöl beträufeln. Einige Rosmarinzweige dazugeben und etwa 30 Minuten im Ofen braten.

Dazu Reis und grünes Sommergemüse servieren.

Der Geschmack wird bestimmt von den Tomaten (süßsauer), den Schalotten (süßlich-scharf) und dem Frühstücksspeck (salzig), Rosmarin und Renken liefern das feinwürzige Aroma. Ein leichter, etwas fruchtbetonter, halbtrockener Riesling, vier bis fünf Jahre alt, weist häufig ähnliche Merkmale auf und paßt deshalb besonders gut dazu. Ebenso ist aber auch ein trockener bis halbtrockener Schillerwein aus Württemberg geeignet.

Mit Spinat gefüllte Forellen

Zu diesem Rezept kann man auch ohne weiteres eine große Forelle nehmen statt mehrerer kleiner.

Für 6 Personen

3 Forellen à 500–600 g
250 g gefrorener, gehackter Spinat
150 g frischer Sauerampfer
100 g Schalotten
1 EL Quark (20%)
1 EL Sahne
2 EL geriebener Parmesan
1 hartgekochtes Ei
3 EL Semmelbrösel
Salz, Pfeffer aus der Mühle, Muskat
Butter

Die Forellen von oben ausnehmen, gut waschen, trockentupfen und innen und außen salzen.

Die Schalotten fein hacken und in einer Pfanne mit Butter glasig braten.

Den Sauerampfer in Salzwasser blanchieren, hacken und ausdrücken. Den aufgetauten Spinat ebenfalls ausdrücken und zusammen mit dem Sauerampfer zu den Schalotten geben. Gut vermischen und dünsten, bis die Flüssigkeit verdampft ist.

Die Pfanne von der Herdplatte nehmen und den Quark, die Sahne, den Parmesan, die Semmelbrösel und das gehackte Ei hineinrühren. Mit Salz, Pfeffer und Muskat abschmecken und die Bauchhöhlen der Forellen damit füllen.

Einen Bräter mit Butter einfetten, die Forellen hineinlegen und etwa 35 Minuten im Ofen braten.

Karottengemüse und Kartoffelkücherl schmecken dazu besonders gut.

Im Ofen gebratene Forellen

Für 6 Personen

6 Forellen
1 Zitrone
Estragon, Petersilie, Kerbel und Schnittlauch
Salz, Pfeffer aus der Mühle
Butter

Die Forellen ausnehmen und gut waschen. Die Köpfe abschneiden und jeweils vom Weidloch bis zur Schwanzwurzel beidseitig entlang des Rückgrats schneiden, so daß es freiliegt. Anschließend das Messer dicht unter die Rippen führen und schräg nach vorne schneiden, so daß die Rippen freistehen. Danach das Rückgrat und die Rippen in einem Stück vorsichtig herausziehen.

Die Forellen innen und außen salzen, zusammenklappen und 2 Stunden ziehen lassen.

Ein Blech mit Butter einfetten, die Forellen aufklappen, mit der Haut nach unten darauflegen und mit Zitronensaft beträufeln. Mit zerlassener Butter einpinseln, pfeffern und die gehackten Kräuter darüberstreuen. Etwa 20 Minuten im Ofen braten oder unter dem Grill garen.

Dazu ein Kartoffelgratin und Spinat servieren.

Der zarte Geschmack der Forelle wird stark von den herb-würzigen Kräutern beeinflußt. Das Kartoffelgratin schmeckt süßlich und der Spinat feinherb. Das erfordert einen milden, geschmacksbetonten und saftigen Weißwein mit deutlich pflanzlichen Duftnoten. Junge trockene bis halbtrockene Kabinettweine vom Müller-Thurgau bzw. Rivaner sind hier sehr angenehme Begleiter.

Gebratener Hecht auf gelben Linsen

Tellerlinsen sind etwas zu mächtig für dieses Gericht, man kann aber rote Linsen nehmen statt der gelben.

Für 6 Personen

1 Hecht von 1½ kg
500 g gelbe Linsen
2 Zwiebeln
300 g geräucherter, durchwachsener Speck
3 Tassen Hühnerbrühe
6 EL Weißweinessig
1 rote Chilischote
Salz
Butterschmalz

Den Hecht schuppen, ausnehmen und in Koteletts schneiden, gut waschen und trockentupfen.

Die Zwiebeln hacken, den Speck in Streifen schneiden und zusammen mit Butterschmalz in einer großen Pfanne anbraten. Die Linsen in einem Sieb waschen, dazugeben und mit Brühe löschen. Den Chili in feine Scheiben schneiden, von den Kernen befreien, unter die Masse geben und etwa 20 Minuten dünsten, bis die Linsen weich sind. Wenn nötig, noch Brühe dazugeben und zum Schluß mit Essig abschmecken.

Die Hechtkoteletts salzen, in Butterschmalz braten, auf den Linsen anrichten und in der Pfanne servieren.

Dazu Schupfnudeln servieren.

Gefüllte Ruttenkoteletts auf Sauerkraut

Für 6 Personen

2 Rutten à 800–900 g
1 kg Sauerkraut
3 Zwiebeln
300 g geräucherter, durchwachsener Speck
2 Gläser Weißwein
2 TL Zucker
12 Wacholderbeeren

Für die Füllung:

250 g Ruttenfilet
50 g geschälte Schalotten
3 Scheiben Frühstücksspeck
1 Ei
1 EL Parmesan
75 g Sahne
die Leber der Rutten
1½ EL Semmelbrösel
½ Bund Petersilie
Salz, weißer Pfeffer
Butter, Butterschmalz

Die Rutten mit Salz abreiben, die Köpfe abtrennen und die Fische von vorne ausnehmen ohne die Gallenblasen zu verletzen. Die Leber aufheben, die Gallenblasen entfernen, die Rümpfe in 6 Koteletts schneiden und die Schwanzstücke filetieren. Den Fisch gut waschen und zur Seite stellen.

250 Gramm Fischfilet und die Leber durch den Fleischwolf drehen und in eine Schüssel geben. Die Schalotten schälen, in feine Scheiben schneiden, mit Butter glasig braten und kalt stellen. Die Petersilie und den Frühstücksspeck hacken und zu dem durchgedrehten Fisch geben. Parmesan, Ei, Sahne, Brösel und die kalten Schalotten dazugeben und mit Salz und Pfeffer würzen. Die Mischung zu einer Farce vermengen und die Koteletts damit füllen.

Die Koteletts mit Salz und Pfeffer würzen und in einer großen Pfanne oder Paellapfanne mit Butterschmalz von beiden Seiten kurz anbraten. Aus der Pfanne nehmen und zur Seite stellen.

Die Zwiebeln in Scheiben und den Speck in Streifen schneiden und zusammen in der großen Pfanne anbraten, bis die Zwiebeln glasig werden. Das Sauerkraut dazugeben, mit Weißwein ablöschen, den Zucker und die Wacholderbeeren dazugeben und zugedeckt 30 Minuten dünsten lassen.

Die Koteletts auf das Sauerkraut legen und im Ofen fertigbraten. In der Pfanne servieren mit einem Serviettenknödel oder Schupfnudeln.

Zander mit grünen Trauben

Zum Zander sollte man nur die kleinen, grünen Trauben nehmen, die im Herbst auf den Markt kommen. Sie sollten unbedingt kernlos sein.

Für 6 Personen

1 Zander von $1^1/_2$ kg
500 g kernlose Trauben
200 g Frühstücksspeck
$^1/_2$ Bund Petersilie
1 Tasse Riesling
1 Tasse Hühnerbrühe
Salz, weißer Pfeffer
Butter

Den Zander ausnehmen, waschen, trockentupfen, innen gut salzen und die Petersilie in die Bauchhöhle legen.

Einen Bräter mit dem Speck auslegen, den Fisch darauf legen, mit zerlassener Butter übergießen und mit Salz und Pfeffer würzen. Den Wein und die Brühe dazugießen, die Trauben dazugeben und das Gericht etwa 40 Minuten im Ofen braten. Dabei mehrmals mit der Sauce übergießen.

Den Fisch auf eine Platte legen, mit einem spitzen Messer um Kiemen und Schwanzflosse schneiden sowie entlang des Rückens und vom Weidloch bis zum Schwanz. Dann vorsichtig die Haut von der Oberseite abziehen, die Trauben und den Speck dazugeben. Die Sauce in einer Sauciere servieren mit Reis oder Salzkartoffeln.

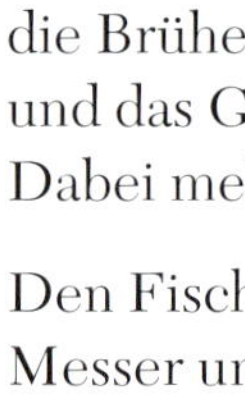

Durch den salzigen Speck und die Butter wird die Sauce üppig. Die Trauben und der Riesling sorgen für ein fruchtiges Geschmacksbild. Deshalb sollte der Wein mittelkräftig, betont fruchtig und zurückhaltend im Bukett sein. Halbtrockene bis trockene Riesling Spätlesen eignen sich besonders gut.

Zander auf Szegediner Art

Zander ist der klassische Fisch vom Plattensee und läßt sich ohne weiteres auf ungarische Art zubereiten.

Für 6 Personen

1 Zander von $1^1/_2$ kg
750 g Sauerkraut
400 g Tomatenfleisch
1 kg kleine Kartoffeln
2 Zwiebeln
2 Gläser Weißwein
1 Tasse süße Sahne
1 Tasse saure Sahne
6 rote Chilischoten
1 TL gemahlener Kümmel
1 EL Paprika
8 Wacholderbeeren
1 Bund Petersilie
Salz
Butter, Öl

Den Zander schuppen, von oben ausnehmen, gut waschen, trockentupfen und innen und außen salzen.

Die Kartoffeln schälen, in Salzwasser kochen und zur Seite stellen.

Die Zwiebeln in Scheiben schneiden und in einem großen Schmortopf mit etwas Öl glasig braten. Das Sauerkraut, das Tomatenfleisch, den Wacholder und die Chilischoten dazugeben und mit einem Glas Weißwein löschen. Mit Kümmel und Paprika würzen und dünsten, bis die Flüssigkeit fast verdampft ist. Je eine Tasse süße und saure Sahne dazugießen, gut vermischen und weiterdünsten.

Die Bauchhöhle des Fisches mit der abgetropften Sauerkrautmischung füllen und ihn auf ein eingefettetes Blech legen. Die Hälfte der gekochten Kartoffeln dazulegen, mit Butter übergießen, ein Glas Weißwein dazugeben und 30–40 Minuten im Ofen braten.

Das restliche Sauerkraut auf einer Platte verteilen, den Zander mit den gekochten und mitgebratenen Kartoffeln darauf legen, gehackte Petersilie darüber streuen und mit einem Kännchen saurer Sahne servieren.

Sauerkraut mit Kümmel verlangt nach einem halbtrockenen bis trockenen Weißwein mit feinwürzigem Charakter. Tomaten und saure Sahne weisen den Weg zu eher säuremilden, halbtrockenen bis lieblichen Weißweinen, Paprika und rote Chilischoten lassen den Weg zum Rosé bzw. Weißherbst offen. Je nach Geschmack bieten sich halbtrockene bis etwas liebliche Riesling Spätlesen aus den nördlichen Anbaugebieten, halbtrockener Bacchus Kabinett aus Franken, trockener Badisch Rotgold oder Spätburgunder Weißherbst an.

Wallerschnitten mit Kräuterkruste

Für 4 Personen

750 g Wallerfilet
400 g Kirschtomaten
8 geschälte Schalotten
3 EL saure Sahne
1 Eigelb
2 EL Parmesan
1 Bund frischer Thymian
Semmelbrösel
Salz, Cayennepfeffer
Butter

Statt der Kirschtomaten können bei diesem Rezept auch rote oder gelbe Paprika verwendet werden.

Die Wallerfilets waschen, trockentupfen, in Schnitten schneiden, salzen und 2 Stunden stehenlassen.

Eine feuerfeste Schüssel ausbuttern, die Wallerschnitten hineinlegen und vorsichtig mit Cayennepfeffer würzen. Die saure Sahne, das Eigelb, den Parmesan und einen Eßlöffel gezupfte Thymianblätter verquirlen und die Schnitten mit der Mischung bestreichen.

Die Semmelbrösel in einer kleinen Pfanne ohne Fett rösten, bis sie eine goldene Farbe annehmen und über die Wallerschnitten streuen. Anschließend den Fisch unter dem Grill oder bei starker Hitze im Ofen garen.

In der Zwischenzeit die Schalotten in Scheiben schneiden und in einer Pfanne mit Butter glasig braten. Die Tomaten waschen und mit einigen Thymianstengeln dazugeben. Mit Salz und Cayennepfeffer vorsichtig würzen, mit dem Weißwein löschen und kurz dünsten.

Die Tomaten und Schalotten zu den Wallerschnitten geben und in der Schüssel servieren.

Dazu passen Salzkartoffeln.

Der ohnehin kräftige Eigengeschmack des Wallers wird durch schnelles Garen bei starker Hitze verstärkt. Die Kräuterkruste mit Parmesan und Thymian ergänzt das Gericht mit einer deutlich herb-würzigen Note. Hinzu kommt das süßsaure Geschmacksbild der mit den Schalotten in Weißwein gedünsteten Tomaten. Hierzu eignen sich würzige trockene bis halbtrockene Weißweine, z. B. eine Traminer Spätlese aus Sachsen und etwas gerbstoffbetonte Rotweine, z. B. ein trockener Portugieser Selection Rheinhessen.

Gebratener Karpfen auf Majorankartoffeln

Für 4 Personen

1 Karpfen von etwa 1½ kg
1½ kg Salatkartoffeln
3 Zwiebeln
250 g Sahne
1 Bund Majoran
Salz, Pfeffer aus der Mühle
Butter

Den Karpfen ausnehmen, mit Salz abreiben, gut waschen, innen und außen salzen und über Nacht stehenlassen.

Die Kartoffeln schälen, in Salzwasser kochen, abschrecken und in Scheiben schneiden.

Die Zwiebeln in Scheiben schneiden und in einem Bräter mit Butter glasig braten. Die Kartoffeln darauf verteilen und gehackten Majoran darüber streuen.

Den Karpfen darauf legen und mit etwas zerlassener Butter übergießen. Die Sahne dazugießen, einige Butterflocken auf die Kartoffeln geben, mit Pfeffer würzen und im Ofen 45 Minuten braten.

Dazu Blattspinat servieren.

Der geschmacksbetonte und etwas fettreiche Karpfen erfährt durch die Majorankartoffeln eine herb-würzige Note, welche die Sahne mit angenehmer Süße abrundet. Der Spinat fügt sich hier harmonisch ein. Duft- und geschmacksbetonte Weißweine mit mäßiger Säure bilden eine angenehme Ergänzung ohne sich unterzuordnen. Es bietet sich ein mittelkräftiger Grauburgunder oder ein Chardonnay an. Für experimentierfreudige Weinfreunde bietet eventuell ein sanfter Barrique einen besonderen Genuß.

Saiblinge mit Estragon

Für 6 Personen

2 Saiblinge à 750 g (3 à 500 g)
80 g geschälte Schalotten
400 g Sahne
$^{1}/_{2}$ Zitrone
1 Bund Estragon
Salz, weißer Pfeffer
Butter

Die Saiblinge ausnehmen, waschen und trockentupfen.

Die Schalotten in Scheiben schneiden und in einem Bräter glasig braten.

Die Fische mit Salz und Pfeffer innen und an den Unterseiten würzen. Jeweils einen Strang Estragon in die Bauchhöhle legen und die Fische auf die Schalotten legen. Mit Zitronensaft und zerlassener Butter beträufeln, dann die Oberseiten auch mit Salz und Pfeffer würzen.

Die Sahne dazugießen, die restlichen Estragonblätter zupfen, hacken und darüber streuen. Den Bräter mit dem Deckel oder Alufolie zudecken und die Saiblinge etwa 50 Minuten im Ofen dünsten lassen.

Die Fische auf eine vorgewärmte Platte legen und jeweils die Haut der Oberseite abziehen. Mit der Bratensauce, neuen Kartoffeln und Blattspinat servieren.

Estragon bietet neben seinem zarten Duft einen angenehm herben Geschmack. Die deutlich reduzierte Sahne hinterläßt Süße. Leichte, feinrassige Weißweine mit zartem Kräuteraroma wie ein trockener bis halbtrockener Kerner Kabinett aus der Pfalz oder aus Württemberg bieten hierzu einen besonders harmonischen Genuß.

Forellenklösschen mit Krabben

Fischklößchen werden meistens aus Hechtfleisch zubereitet, aber man kann sie auch mit jedem Edelfisch herstellen.

Für 6 Personen

350 g Forellenfilet
350 g gekochte Krabben, gepult
100 g geschälte Schalotten
3 große Salatköpfe
300 g saure Sahne
150 g süße Sahne
3 Scheiben Weißbrot ohne Rinde
2 Eier
1 Eiweiß
1 Bund frisches Basilikum
1 Bund Schnittlauch
Salz, weißer Pfeffer, Muskat
Butter

Die Forellenfilets in Streifen schneiden, die Schalotten in Scheiben schneiden, in Butter glasig braten, kalt stellen und anschließend über die Fischstreifen verteilen. Das Weißbrot auch in Streifen schneiden und mit 100 Gramm Sahne, dem Eiweiß und den Eiern dazugeben. Mit Salz, Pfeffer und Muskat würzen, kalt stellen und anschließend in der Küchenmaschine zerkleinern. Die Basilikumblätter hacken und mit der restlichen Sahne hinzugeben. Die Farce gut vermischen und wieder kalt stellen.

Die größten Salatblätter in Salzwasser kurz blanchieren und auf einem Tuch abtropfen lassen.
1 Eßlöffel Farce auf ein großes oder zwei kleinere Salatblätter geben und darin einwickeln wie eine Krautroulade.

Eine feuerfeste Form mit Butter einfetten, die 18–20 Klößchen hineinlegen, mit zerlassener Butter übergießen und etwa 20 Minuten im Ofen garen.

In der Zwischenzeit 2 Eßlöffel Butter in einer Pfanne erhitzen, die Krabben und die saure Sahne dazugeben, den gehackten Schnittlauch darüber streuen und mit Salz und Pfeffer abschmecken.
Die Mischung über die Klößchen verteilen und das Gericht in der Form servieren.

Dazu neue Kartoffeln und grüne Erbsen servieren.

Die Salathülle der Klößchen, das Basilikum und der Schnittlauch geben dem Gericht eine feinbittere Note, die reduzierte Sahne und die Krabben liefern eine sanfte Würze mit leicht salzigem Charakter. Ein junger, trockener Grauburgunder Kabinett nimmt Rücksicht auf die zarten Forellenklößchen und paßt auch gut zu den übrigen Geschmackskomponenten.

Zanderschnitten mit grüner Kräutersauce

Eine grüne Kräutersauce paßt zu fast jedem gedünsteten Edelfisch.

Für 4 Personen

750 g Zanderfilet
5 geschälte Schalotten
100 g Crevetten oder Krebsschwänze
1 Bund Blattpetersilie
1 Glas Weißwein
Salz, weißer Pfeffer
Butter zum Braten
1 Portion Kräutersauce

Eine grüne Kräutersauce herstellen (siehe S. 115) und warm halten.

Die Schalotten in Scheiben schneiden und in einer großen Pfanne mit Butter glasig braten.

Die Zanderfilets waschen, trockentupfen, in Stücke schneiden und mit Salz und Pfeffer würzen. Die Fischstücke zu den Schalotten geben und zugedeckt fertig dünsten. Auf eine vorgewärmte Platte legen, mit grüner Kräutersauce übergießen und mit Petersilie und Crevetten garnieren.

Dazu Salzkartoffeln und Erbsenschoten servieren.

Die Kräutersauce bestimmt die Weinauswahl. Je nach Geschmacksintensität eignen sich trockene bis halbtrockene Kabinettweine oder Spätlesen von Silvaner, Müller-Thurgau, Grauburgunder oder Bacchus.

Mit Zanderfarce gefüllte Paprika

Für 6 Personen

700 g Zanderfilet
6 rote Paprika
800 g Tomatenfleisch
150 g geschälte Schalotten
150 g gekochter Schinken
1 Glas Weißwein
1 Tasse Hühnerbrühe
1 Ei
1 Eigelb
3 EL geriebener Parmesan
2 EL saure Sahne
4 EL Kartoffelbrei
2 Zwiebeln
1 Bund frischer Estragon
Salz, Cayennepfeffer
Butter, Öl

Die Paprika waschen, jeweils einen Deckel abschneiden und entkernen.

Die Zwiebeln in Scheiben schneiden und in einem großen Schmortopf mit etwas Öl glasig braten. Das Tomatenfleisch dazugeben, mit Wein und Brühe löschen, drei Stengel Estragon hineinlegen und köcheln lassen, bis sich die Sauce um ein Drittel reduziert hat.

Die Zanderfilets durch den Fleischwolf drehen. Die Schalotten in Scheiben schneiden, in Butter glasig braten, abkühlen lassen und dazugeben. Den Schinken in kleine Würfel schneiden und mit dem Ei, dem Eigelb, dem Parmesan, der sauren Sahne und dem Kartoffelbrei ebenfalls dazugeben. Die restlichen Estragonblätter zupfen, hacken und darüber streuen. Die Mischung mit Salz und Cayennepfeffer würzen, gut vermengen und die Paprika damit füllen.

Die gefüllten Paprika in den Schmortopf geben und zugedeckt im Ofen etwa 45 Minuten langsam dünsten.

Als Beilage bietet sich Kartoffelbrei oder Reis an.

Drei interessante Geschmackskomponenten werden hier vereint und von der milden Zanderfarce abgerundet: Säuerlich-bitter wirkt der geschmorte Paprika, süß-säuerlicher Geschmack kommt von den Tomaten, und fast streng-würzig ist der Parmesan. Halbtrockene Roséweine und auch leichte trockene Rotweine sind hierzu ebensogut geeignet wie säuremilde kräftige Weißweine. Deshalb empfiehlt sich ein trockener bis halbtrockenen Grauburgunder, ein trockener bis halbtrockener Spätburgunder Weißherbst oder ein trockener Trollinger aus Württemberg.

Karpfen in Rotwein

Karpfen in Rotwein ist ein klassisches Gericht, es kann aber auch mit Schleien, Karauschen oder Giebeln zubereitet werden.

Für 4 Personen

1 Karpfen von etwa 1½ kg
12 Schalotten
200 g geräucherter, durchwachsener Speck
150 g Egerlinge
3 Gläser Rotwein
150 g kalte Butter
1 Bund Blattpetersilie
½ Bund frisches Basilikum
Salz, Cayennepfeffer
Butter zum Braten

Den Karpfen mit Salz abreiben, ausnehmen, waschen, innen und außen salzen und über Nacht stehenlassen.

Die Schalotten schälen und den Speck in Streifen schneiden. Zusammen in einem Bräter mit etwas Butter anbraten. Die Egerlinge putzen, in Scheiben schneiden und mitbraten. Den Karpfen dazulegen, mit etwas zerlassener Butter übergießen und den Rotwein dazugießen. Einige Stengel Petersilie hineinlegen, den Bräter mit dem Deckel oder einer Schicht Alufolie verschließen und den Fisch etwa 40 Minuten dünsten lassen.

Den fertigen Karpfen mit dem Speck, den Schalotten und den Egerlingen auf eine vorgewärmte Platte legen und warm halten.

Aus einer ¾ Tasse Sud und der Butter eine Sauce anrühren, wobei der Sud zuerst reduziert werden muß. Die Basilikumblätter in Streifen schneiden und in die heiße Sauce geben. Mit Salz und Cayennepfeffer vorsichtig abschmecken.

Dazu Salzkartoffeln servieren.

Die Weinauswahl ist weitgehend davon abhängig, welcher Rotwein zum Kochen verwendet wird. Sowohl zum Kochen als auch als Begleiter sollten die Weine wenig Gerbstoffe enthalten. Trockene Spätlesen vom Spätburgunder aus Baden oder Schwarzriesling aus Württemberg sind gut geeignet.

Gefüllter Karpfen mit grünen Nudeln

Für 4 Personen

1 Karpfen von $1\frac{1}{2}$ kg
150 g grüne Bandnudeln
100 g Quark (20%)
80 g Sahne
1 EL Pesto
$\frac{1}{2}$ Zitrone
5 Schalotten
3 Gläser Weißwein
Salz, Pfeffer aus der Mühle
Butter

Den Fisch von oben ausnehmen, gut waschen, trockentupfen, innen und außen salzen und 2 Stunden stehenlassen.

Die Bandnudeln in Salzwasser kochen. Den Quark, die Sahne und den Pesto vermischen, mit Salz und Pfeffer abschmecken und mit den Nudeln vermengen.

Den Karpfen innen mit Zitronensaft beträufeln, die Bauchhöhle mit der Nudelmischung füllen und den Fisch in einen Bräter legen. Mit zerlassener Butter übergießen, den Weißwein und die in Scheiben geschnittenen Schalotten dazugeben, den Bräter mit einem Deckel oder Folie zudecken und etwa 40 Minuten dünsten lassen.

Den Sud zu einer Buttersauce (siehe S. 113) verarbeiten. Mit grünen Bandnudeln und einem grünen Salat servieren.

Der deutliche Eigengeschmack des Karpfens wird durch die milchigsäuerliche Füllung angenehm ergänzt. Zu diesem kräftigen Gericht munden gut gereifte, wenigstens fünf Jahre alte halbtrocke bis trockene Riesling Spätlesen besonders gut.

Wallerfilets mit Sardellen

Da die Sardellen recht salzig sind, sollte man den Waller nur vorsichtig salzen.

Für 4 Personen

750 g Wallerfilet
75 g Sardellenfilet
1 Glas mit Paprika gefüllte Oliven
1 Glas Weißwein
Salz, weißer Pfeffer
Olivenöl

Die Wallerfilets waschen, trockentupfen, in Stücke schneiden, leicht salzen und 2 Stunden stehenlassen.

Eine feuerfeste Form mit Olivenöl einpinseln, die Filets hineinlegen und mit Pfeffer würzen. Einige Oliven dazugeben, ein Glas Weißwein dazugießen und im Ofen zugedeckt dünsten.

Den fertigen Fisch mit Olivenscheiben und Sardellen garnieren. Mit Kartoffelpüree und Karottengemüse servieren.

Das Olivenöl, die Oliven und der Weißwein führen zu einem herbsäuerlichen Geschmack, dazu gesellt sich die feine Süße des Karottengemüses. Ähnliche Komponenten finden wir bei gut gereiften, halbtrockenen Riesling Spätlesen aus nördlichen Anbaugebieten.

GIEBEL MIT WURZEL-GEMÜSE

Für 6 Personen

3 Giebel à 500–600 g (oder Karauschen oder kleine Karpfen)
250 g geräucherter, durchwachsener Speck
6 Karotten
4 Petersilienwurzeln
1 Stange Lauch
2 Scheiben Sellerie
etwas Selleriegrün
2 Zwiebeln
2 Gläser Weißwein
Salz, Pfeffer aus der Mühle, getrockneter Majoran
Butterschmalz, Butter

Die Fische schuppen, ausnehmen, waschen, innen und außen salzen und 2 Stunden stehenlassen.

Den Speck in Streifen schneiden, den Sellerie in Würfel schneiden und das restliche Gemüse in Scheiben schneiden.

Den Speck mit Butterschmalz in einem Bräter anbraten, das Gemüse dazugeben, mit Salz, Pfeffer und Majoran würzen und mit Weißwein löschen. Dann zugedeckt etwa 20 Minuten dünsten, bis das Gemüse fast gar ist.

Die Fische auf das Gemüsebett legen, mit zerlassener Butter übergießen, den Bräter wieder zudecken und das Gericht im Ofen etwa 30 Minuten fertig dünsten.

Dazu Kartoffelpüree servieren.

Geschmacksprägend sind hier der in Butterschmalz angebratene Speck (rauchig und salzig), das angeröstete Gemüse (herbe Röststoffe) und der getrocknete Majoran. Dies erfordert einen etwas säurebetonten und geschmacksintensiven Wein. Möglich sind ein saftiger, junger und trockener Grauburgunder Kabinett aus Baden, eine Weißburgunder Spätlese aus der Pfalz oder ein kräftiger, trockener Rivaner von der Nahe.

WALLERROULADEN MIT WIRSING

Fischrouladen kann man auch mit Weißkraut zubereiten, Waller schmeckt jedoch mit Wirsing am besten.

Für 6 Personen

600 g Wallerfilet
2 Wirsingköpfe à 1200 g
300 g milder Frühstücksspeck
80 g geschälte Schalotten
2 Karotten
2 Zwiebeln
2 Gläser Weißwein
Salz, weißer Pfeffer, Muskat, getrockneter Majoran
Butter

Die äußeren Blätter von den Wirsingköpfen entfernen, 12 große Blätter in Salzwasser blanchieren und auf einem Tuch abtropfen lassen.

Die Wirsingköpfe vierteln, die Strünke abschneiden, den Wirsing in Streifen schneiden und auch in Salzwasser blanchieren. Danach gut abtropfen lassen.

Die Zwiebeln in Scheiben schneiden und mit reichlich Butter in einem Schmortopf glasig braten. Die Hälfte des Wirsings dazugeben, mit Muskat und weißem Pfeffer würzen. Mit Weißwein löschen und 10 Minuten dünsten lassen. Die Karotten in Scheiben schneiden, hinzugeben und weitere 10 Minuten dünsten lassen.

Die Schalotten in Scheiben schneiden und in Butter andünsten. Mit Salz und Majoran würzen und zur Seite stellen.

Die Wallerfilets in Stücke von 3 mal 6 Zentimetern schneiden. Die Stücke mit Salz und Pfeffer würzen, mit den Schalotten belegen und in Frühstücksspeck einwickeln. Je ein Stück auf die Außenseite eines Wirsingblattes legen und vorsichtig einwickeln; die dünneren Fischstücke können doppelt genommen werden.

Den gedünsteten Wirsing in einen Bräter geben, die Rouladen darauf legen und mit zerlassener Butter übergießen. Den Bräter mit einem Deckel oder Folie zudecken und das Gericht etwa 40 Minuten im Ofen dünsten lassen.

In der Zwischenzeit den restlichen Frühstücksspeck in Streifen schneiden, mit etwas Butter braten und über die Rouladen verteilen.

Dazu Kartoffelpüree servieren.

Der angenehm hervortretende Geschmack des Wallers wird durch die leicht salzigen Note des Frühstücksspecks und vom feinherben Wirsing ergänzt. Säuremilde, trockene Weißweine mit deutlich pflanzlichem Charakter wie Silvaner oder Müller-Thurgau aus Franken oder Gutedel aus Baden vollenden die Harmonie.

Rutte auf Karottengemüse

Dieser Fisch wird leider nicht sehr oft auf dem Markt angeboten. Man kann ihn aber auf Vorrat kaufen und einfrieren.

Für 6 Personen

1 Rutte von etwa $1^1/_2$ kg
700 g Karotten
500 g Petersilienwurzel
1 große Kartoffel
$^1/_2$ Zitrone
1 Tasse Brühe
1 Bund frischer Oregano
Salz, weißer Pfeffer
Butter

Den Fisch mit Salz abreiben, waschen und vorsichtig ausnehmen, wobei die Messerspitze nicht zu tief geführt werden darf, damit die Gallenblase nicht beschädigt wird. Die Gallenblase entfernen, die Leber gut waschen und zur Seite stellen.

Die Karotten und die Petersilienwurzeln schälen und in Scheiben schneiden. Die Karotten in einem Schmortopf mit Butter kurz andünsten, abkühlen lassen und die Petersilienwurzeln daruntermischen. Einen Bräter mit einer doppelten Schicht Alufolie auslegen und das Gemüse darauf verteilen.

Den Fisch innen mit Zitronensaft beträufeln und salzen. Mit einer Kochnadel eine Schnur durch Schwanzwurzel und Kiemen ziehen und den Fisch in einen halben Ring binden. Der Ring darf nicht zu eng sein, da der Fisch sonst beim Garen bricht. Eine flach geschnittene Kartoffel in die Bauchhöhle stecken, damit der Fisch mit dem Rücken nach oben liegt und ein zweites Stück ins Maul schieben, damit es offen bleibt.

Die Rutte auf das Gemüse legen, mit zerlassener Butter übergießen, den Oregano und die Brühe dazugeben, mit Salz und Pfeffer würzen und etwa 45 Minuten zugedeckt im Ofen dünsten.

Das fertige Gemüse auf einer Platte anrichten und die Rutte mit Hilfe der Alufolie in die Mitte legen. Die Leber in einer kleinen Pfanne in Butter braten, mit Salz und Pfeffer würzen und der Rutte ins Maul stecken.

Dazu Bamberger Kartoffeln servieren.

Zum feinen Geschmack der Rutte gesellen sich die milde Süße der Karotten und die herbe Würze des Oreganos. Um die gewünschte Harmonie zu erreichen, sollte der Wein ähnliche Merkmale aufweisen wie die halbtrockenen Weine vom Silvaner aus Franken, Müller-Thurgau von der Nahe oder Kerner aus der Pfalz.

Aal auf Auberginengemüse

Aal schmeckt am besten mit pikanten Gemüsen, wie hier mit Aubergine und Paprika.

Für 6 Personen

1200 g Aal
500 g Auberginen
400 g Tomatenfleisch
1 rote Paprika, in Streifen geschnitten
2 Zwiebeln
2 Stangen Staudensellerie
50 g Pinienkerne
1 gepreßte Knoblauchzehe
1 EL Kapern
1 Bund Petersilie
2 EL Weinessig
1 Tasse Fischbrühe
Salz, Pfeffer aus der Mühle
Öl

Die Auberginen waschen, in Scheiben schneiden, in eine Schüssel geben, salzen und 30 Minuten ziehen lassen.

Die Aale mit Salz abreiben, ausnehmen, waschen und in 3 Zentimeter dicke Scheiben schneiden. In einem Bräter mit Öl von beiden Seiten kurz anbraten und zur Seite stellen.

Die Zwiebeln hacken, den Sellerie in Scheiben schneiden und zusammen in dem Bräter anbraten. Die Auberginen abspülen und mit dem Tomatenfleisch, den Paprikastreifen, den Kapern und dem Knoblauch dazugeben. Mit dem Essig und der Brühe löschen, mit Salz und Pfeffer würzen und etwa 15 Minuten dünsten lassen, bis etwas Flüssigkeit verdampft ist.

Die Aalstücke mit Salz und Pfeffer würzen, dazugeben und zugedeckt etwa 20 Minuten im Ofen fertig dünsten. Gehackte Petersilie und Pinienkerne darüber streuen und auf einer Platte anrichten.

Dazu Reis servieren.

Die Auberginen nehmen beim Garen sehr viel Öl auf, hinzu kommt der fettreiche Aal. Die Zutaten, frische Paprika, Tomaten, Kapern und Essig führen zu einem süß-sauer-herben Geschmacksbild und deutlichem Aroma. Dem werden trockene bis halbtrockene Weißweine mit mittelkräftigem Körper und verhaltener Säure besonders gut gerecht, bieten sich hier ein trockener Grauburgunder Kabinett oder halbtrockene Spätlesen der Rebsorten Bacchus und Rieslaner an.

Lachsauflauf mit Kartoffeln und Lauch

Bei einem Auflauf für sechs oder mehr Personen nimmt man statt der Quicheform einen Bräter.

Für 4 Personen

600 g Lachsfilet, ohne Gräten und Haut
600 g Salatkartoffeln
50 g geschälte Schalotten
2 Stangen Lauch
150 g Sahne
2 EL gezupfte Thymianblätter
Salz, Cayennepfeffer
Butter

Die Kartoffeln mit Schale kochen, gut abschrecken, schälen, in Scheiben schneiden und mit Salz würzen.

Die Schalotten in Scheiben schneiden und in einem Schmortopf mit Butter glasig braten. Den ebenfalls in Scheiben geschnittenen Lauch dazugeben. Mit Salz und dem Thymian würzen und, sobald der Lauch gar ist, abkühlen lassen.

Den Lachs in Scheiben schneiden und salzen. Eine Quicheform von 28 Zentimeter Durchmesser mit Butter ausfetten und eine kleine Scheibe Lachs ganz an den Rand legen. Anschließend eine Reihe Kartoffelscheiben dazulegen und danach eine Reihe Schalotten und Lauch.

Die Quicheform in der gleichen Reihenfolge mit Lachs, Kartoffeln und Schalotten-Lauch-Mischung auffüllen, mit der Sahne übergießen und etwa 20 Minuten im Ofen backen.

Den fertigen Auflauf mit Cayennepfeffer vorsichtig nachwürzen und mit Weißbrot und grünem Salat servieren.

Der Lachsgeschmack wird durch die Kartoffeln etwas neutralisiert, Schalotten, Lauch und Sahne vermitteln gut erkennbare Süße, der der herbe Thymian entgegenwirkt. Kräftige, trockene Weißweine, deren Alkoholgehalt süßend wirkt, z. B. Grauburgunder Spätlese aus der Pfalz oder eine reife Silvaner Spätlese vom Maindreieck führen zu einem harmonischen Nebeneinander.

Wallerragout mit Pesto

Man kann Wallerfilets auch im ganzen dämpfen und Pesto dazureichen. Aber mit Spaghetti schmeckt der Fisch am besten als Ragout.

Für 4 Personen

400 g Wallerfilet
2 Tassen frische Basilikumblätter
1 EL getrocknetes Basilikum
$1^{1}/_{2}$ Tassen Krauspetersilie ohne Stengel
2 EL Pinienkerne
3 EL geriebener Parmesan
1 Knoblauchzehe
1 Tasse Olivenöl
Salz, Pfeffer aus der Mühle
Öl zum Braten

Die Wallerfilets waschen, trockentupfen, in 2 Zentimeter große Würfel schneiden, salzen und 2 Stunden stehenlassen.

Das Basilikum, die Petersilie, die Pinienkerne, den geriebenen Parmesan, die geschälte Knoblauchzehe und das Olivenöl in der Küchenmaschine zerkleinern. Wenn die Mischung zu trocken wird, noch etwas Öl dazugeben und den fertigen Pesto mit Salz und Pfeffer abschmecken.

Die Fischwürfel in etwas Öl braten, den Pesto dazugeben, vermengen und mit Spaghetti servieren.

Der herbwürzige Pesto verlangt nach einem Wein mit Bukett, kräftigem Geschmack und mäßiger Säure. Ein trockener Weißburgunder, im Barrique gereift, oder ein gereifter, sanfter Dornfelder bieten angenehme Ergänzungen. Wer den Kompromiß sucht, entscheidet sich für einen trockenen bis halbtrockenen Spätburgunder Weißherbst.

Wallerragout mit Kürbis

Das feste Fleisch vom Waller eignet sich besonders gut für Ragouts. Zur Kürbiszeit erreicht der Fisch seine beste Kondition.

Für 4 Personen

600 g Wallerfilet
1 Kürbis, von etwa 4 kg
2 EL Butter
3 EL Essig
3 TL Zucker
$^{1}/_{2}$ Bund frischer Majoran
Salz, Pfeffer aus der Mühle
Öl

Die Wallerfilets waschen, trockentupfen, in $2^{1}/_{2}$ Zentimeter große Würfel schneiden, salzen und 2 Stunden stehenlassen.

Den Deckel vom Kürbis abschneiden, die Kerne entfernen, das Fleisch in möglichst großen Stücken auslösen und in Würfel von etwa $1^{1}/_{2}$ Zentimetern schneiden.

Die Fischwürfel mit Pfeffer würzen, in einer großen Pfanne in etwas Öl braten, aus der Pfanne nehmen und warm halten.

In der gleichen Pfanne 500 Gramm Kürbiswürfel in Butter anbraten, mit Essig ablöschen, Zucker und Majoran dazugeben, salzen und zugedeckt fertig dünsten.

Das Kürbisgemüse abschmecken, die Fischwürfel hinzugeben, vorsichtig vermengen und im ausgehöhlten vorgewärmten Kürbis servieren.

Als Beilage eignen sich Schupfnudeln.

Kürbis, Zucker und Essig sind die bestimmenden Elemente und führen zu einem süß-sauer-pikant schmeckenden Ragout. Reife, halbtrockene bis etwas liebliche Riesling Spätlesen aus den nördlichen Anbaugebieten tragen dem besonders Rechnung.

Barschragout mit Chilibohnen

Das Barschragout darf ruhig ein bißchen scharf sein, eventuell mit Cayennepfeffer nachwürzen.

Für 6 Personen

600 g Barschfilet
400 g rote Bohnen
1½ l Hühnerbrühe
300 g geräucherter, durchwachsener Speck
3 Zwiebeln
3 Stangen Staudensellerie
½ Stange Lauch
2 Paprika
2 Lorbeerblätter
4 rote Chilischoten
500 g Tomatenfleisch
1 Glas leichter Rotwein
1 Bund Thymian
2 Knoblauchzehen
Salz
Öl

Die Bohnen mit der Hühnerbrühe in einem großen Schmortopf zum Kochen bringen, 5 Minuten sprudeln lassen und 1 Stunde ohne Hitze stehenlassen.

Anschließend die Bohnen wieder erhitzen, 1 geschälte Zwiebel, 2 Stangen Sellerie, Lauch, Lorbeerblätter, Chilischoten, Thymian, Knoblauch und die Schwarte vom Speck dazugeben. Den Schaum abschöpfen und etwa 1½ Stunden ohne Deckel köcheln lassen. Wenn zuviel Flüssigkeit verdampft, etwas Wasser dazugießen.

Wenn die Bohnen weich sind, das Gemüse ausdrücken und mit der Speckschwarte wegwerfen, die Bohnen abseihen und etwas Brühe aufheben.

Die Barschfilets in Stücke schneiden, mit etwas Öl in einer großen Pfanne anbraten, salzen und zu den Bohnen geben.

Den Speck in Streifen schneiden, in der gleichen Pfanne braten und ebenfalls zu den Bohnen geben.

2 Zwiebeln grob hacken, 1 Selleriestange in Scheiben schneiden und zusammen mit den Zwiebeln in dem Bratenfett glasig braten. Die Paprika in Streifen schneiden und zusammen mit dem Tomatenfleisch und dem Rotwein dazugeben. Die Mischung 5 Minuten dünsten lassen, dann mit den Fischstücken und den Bohnen vermengen. Eventuell noch etwas Brühe dazugeben, bei mittlerer Hitze 15 Minuten ziehen lassen und im Topf servieren.

Als Beilage Reis oder Bamberger Kartoffeln.

Das etwas scharfe und herb-würzige Ragout verlangt nach einem im Geschmack ebenbürtigen Wein mit mäßigem Alkoholgehalt, denn Alkohol läßt als Geschmacksverstärker sonst die Schärfe zu deutlich werden. Am besten eignen sich mittelkräftige trockene bis halbtrockene Roséweine bzw. Weißherbste vom Spätburgunder oder leichte trockene Rotweine von Lemberger, Portugieser und Trollinger.

Karpfengulasch mit Graupen

Für 6 Personen

900 g Karpfenfilet
250 g Graupen
200 g geräucherter, durchwachsener Speck
2 Zwiebeln
2 Stangen Staudensellerie
400 g Tomatenfleisch
2 Gläser Rotwein
2 Tassen Fischbrühe
1 Bund Petersilie
2 gepreßte Knoblauchzehen
einige getrocknete Steinpilzstückchen
4 Chilischoten
2 EL Paprika
2 TL gemahlener Kümmel
Salz, getrockneter Majoran
Öl

Die Zwiebeln hacken, den Sellerie in Scheiben schneiden, den Speck in Streifen schneiden und zusammen in einem großen Schmortopf mit etwas Öl anbraten.

Mit Rotwein und Brühe löschen und die Graupen, das Tomatenfleisch, die Petersilie, die Steinpilzstückchen, die Chilischoten und den Knoblauch dazugeben. Mit Salz, Paprika, Kümmel und Majoran würzen und etwa 45 Minuten dünsten, bis die Graupen weich sind.

In der Zwischenzeit die Karpfenfilets in 4 Zentimeter große Stücke schneiden, in einer großen Pfanne braten und mit dem Graupengemüse vermischen, aus dem vorher die Petersilie entfernt wurde.

Dazu Salzkartoffeln und Broccoli servieren.

Typisch herb-scharfe Gulaschkomponenten werden von den Graupen gebunden. Mittelkräftige trockene Rotweine mit mäßiger Gerbstoffprägung, der Rebsorten Spätburgunder, Dornfelder und Lemberger sind ideale Ergänzungen.

Karpfenragout mit Waldpilzen

Dies ist ein typisches Herbstgericht. Es kann aber auch mit Egerlingen zubereitet werden.

Für 4 Personen

750 g Karpfenfilet
200 g geräucherter, durchwachsener Speck
200 g Steinpilze
150 g Pfifferlinge
100 g Totentrompeten
2 Zwiebeln
1 Bund gehackte Petersilie
Salz, Pfeffer aus der Mühle
Butter, Butterschmalz

Die Pfifferlinge und die Totentrompeten putzen und die Steinpilze in Scheiben schneiden. Den Speck in Streifen schneiden, die Zwiebeln hacken und zusammen in einer großen Pfanne mit Butter anbraten. Die Pfifferlinge und die Totentrompeten dazugeben. Die Steinpilze in einer zweiten Pfanne braten und dann dazugeben. Mit Salz und Pfeffer würzen, mit Petersilie bestreuen und warm halten.

Die Karpfenfilets in 4 Zentimeter große Stücke schneiden, mit Salz und Pfeffer würzen und mit Butterschmalz braten. Den Fisch zu den Pilzen geben, vermischen und in der Pfanne servieren.

Dazu Bandnudeln servieren.

Die Waldpilze prägen den herbwürzigen Geschmack dieses Ragouts, der Speck ergänzt mit rauchig-salzigem Charakter. Der Wein darf mittelkräftig sein und soll aromatisch, feinwürzig und mild sein. Reifer, trockener Grauburgunder Kabinett, trockener Traminer aus Sachsen und ein weicher Portugieser Rotwein sind mögliche Partner.

Ruttenragout mit Zwiebeln

Für 4 Personen

750 g Ruttenfilet
3 Zwiebeln
2 Gläser trockener Weißwein
1 Bund Thymian
2 TL scharfer Senf
Salz, Pfeffer aus der Mühle
Butterschmalz, Olivenöl

Die Zwiebeln in Ringe schneiden, die Thymianblätter zupfen und hacken. Die Zwiebeln mit dem Thymian in Olivenöl glasig braten, dann mit dem Wein und dem Senf löschen.

Die Ruttenfilets in Stücke von 4 Zentimetern schneiden und mit Butterschmalz in einer großen Pfanne braten. Die Zwiebelmischung dazugeben, mit Salz und Pfeffer würzen und gut vermischen.

Dazu Bratkartoffeln und grünen Salat servieren.

Die leichte Schärfe vom Senf, die milde Süße der Zwiebel und die herbe Würze des Thymians ergeben mit den deftigen Bratkartoffeln einen ländlichen Genuß, zu dem eine herzhafte und fast trockene Grauburgunder Spätlese besonders gut mundet.

Aalragout mit Karotten und Zwiebeln

Für 4 Personen

600 g Aal
200 g geräucherter, durchwachsener Speck
18 Grillzwiebeln
500 g Karotten
200 g grüne Bohnen
frischer Thymian, einige Lorbeerblätter
Salz, Pfeffer aus der Mühle
Öl

Den Aal mit Salz abreiben, ausnehmen, gut waschen, in Scheiben von 3 Zentimetern schneiden, salzen und 2 Stunden stehenlassen.

Den Speck in Streifen schneiden, mit etwas Öl in einer großen Pfanne anbraten und auf Küchenkrepp abtropfen lassen.

Die Grillzwiebeln schälen, in derselben Pfanne mit etwas frischem Thymian braten, in eine zweite Pfanne geben und warm halten.

Die Karotten walzenförmig schneiden, in der ersten Pfanne anbraten, etwas Wasser dazugeben und zugedeckt fertig dünsten. Die Karotten zu den Zwiebeln geben und mit Salz und Pfeffer würzen.

Die Bohnen putzen, in Salzwasser blanchieren und zu den Karotten und Zwiebeln geben.

Die Aalstücke mit einigen Lorbeerblättern in der ersten Pfanne braten und mit Pfeffer würzen.

Die Lorbeerblätter entfernen, den Speck und das Gemüse in die Aalpfanne geben, kurz aufwärmen und in der Pfanne servieren.

Dazu Weißbrot oder Salzkartoffeln reichen.

Karotten und Zwiebeln vermitteln Süße, Speck wirkt salzig, Bohnen und Lorbeer herb. Ein Wein, der alle drei Komponenten berücksichtigt, sollte etwas bukettbetont (pflanzlich-herb) sein, mäßige Säure aufweisen und etwas Süße vermitteln. Das tun reife halbtrockene Rheingau Riesling Spätlesenund trockene bis halbtrockene Silvaner Spätlesen aus Franken.

Gemischte Edelfischpfanne

Für diese Fischpfanne eignet sich jeder Fisch mit festem Fleisch, wie zum Beispiel Barsch oder Rutte. Statt der Hummerkrabben kann man natürlich auch Flußkrebse nehmen.

Für 6 Personen

300 g Lachsfilet
300 g Wallerfilet
300 g Hummerkrabben
$^{1}/_{2}$ Bund Petersilie
2 Zitronen
Butter, Olivenöl

Die Filets in Würfel schneiden, die Hummerkrabben aus der Schale brechen, den Darmtrakt entfernen und das Fleisch in Scheiben schneiden.

Etwas Butter und Olivenöl zusammen in einer Pfanne erhitzen, die Fischwürfel dazugeben, mit Petersilie bestreuen und braten. Einmal wenden, mit Salz und Pfeffer würzen und mit Zitronenschnitten servieren.

Dazu Weißbrot und Zuckerschoten reichen.

Ein mediterran anmutendes Gericht fordert ebensolche Weine. Sie stammen von den Rebsorten Weißburgunder, Grauburgunder oder Chardonnay, die in Baden, der Pfalz oder Rheinhessen gedeihen und traditionell oder auch im kleinen Eichenholzfaß ausgebaut werden.

Krebsragout mit Erbsen

Als Ersatz für die Krebse kann man auch Shrimps nehmen.

Für 2 Personen

100 g Krebsfleisch
40 g geschälte Schalotten
75 g gefrorene Erbsen
2 EL gehackte Petersilie
1 EL Krebsbutter (siehe S. 116)
Salz, Pfeffer aus der Mühle
Butter

Die Schalotten in Scheiben schneiden und in einer kleinen Pfanne mit Butter glasig braten.

Das Krebsfleisch, die Erbsen und die Krebsbutter dazugeben, die Petersilie darüber streuen, kurz fertig braten und mit Salz und Pfeffer abschmecken.

Dazu Bandnudeln und grünen Salat servieren.

Zu diesem milden Zwischengericht eignen sich besonders gut leichte milde trockene bis halbtrockene Kabinettweine mit dezentem Bukett. Die Rebsorten Grauburgunder, Rivaner, Faberrebe und Nobling bieten eine reiche Auswahl.

Rosmarinspiesse mit Lachs

Für 6 Spieße

Die Spieße kann man auch mit Waller und roter Paprika machen oder Waller- und Lachsfilet kombiniert.

600 g Lachsfilet
500 g Grillzwiebeln
6 holzige Rosmarinzweige
Salz, weißer Pfeffer
Butter

Den Fisch in 4 Zentimeter große Stücke schneiden und die Grillzwiebeln schälen.

Die Rosmarinzweige an den Enden spitz zuschneiden. Die Zwiebeln mit einem Fleischspieß durchbohren und mit den Fischstücken auf die Rosmarinzweige aufspießen.

Ein Backblech mit Butter einfetten, die Spieße darauf legen, mit zerlassener Butter einpinseln und mit Salz und Pfeffer würzen.

Die Spieße im Ofen kurz grillen und mit Weißbrot servieren.

Die Rosmarinzweige reichern den Lachs mit deutlicher südländischer Kräuternote an, die Nase ißt hier genüßlich mit. Ein leichter trockener Bacchus Kabinett von der Nahe oder ein gerbstoffmilder trockener Portugieser Rotwein von der Ahr lassen Urlaubsstimmung aufkommen.

Fisch räuchern

Kleine Räucheröfen können natürlich nicht mit den großen Räucherkammern der Berufsfischer konkurrieren, aber sie sind einfach zu bedienen und bringen hervorragende Ergebnisse bei angenehm kurzen Garzeiten.

Die folgenden Rezepte wurden mit einem Ofen der Firma Cormoran zubereitet, der in jedem Angelgeschäft erhältlich ist. In diesen Geschäften gibt es ebenfalls eine breite Palette von Räuchersalz- und Räuchermehlsorten. Dabei kommt es weniger auf die Holz- oder Mehlart an als auf die Garzeiten, für die man mit der Zeit ein Gefühl bekommt.

Der klassische Räucherlachs wird kalt geräuchert, eine Technik, die man besser dem Spezialisten überlassen soll, aber ein warm geräucherter Lachs schmeckt genauso delikat. Allerdings ist er nicht so lange haltbar.

Heiss geräucherter Lachs

Für 6 Personen

1 kg Lachsfilet
1 Bund Basilikum
Räuchermehl aus Eiche
Räuchersalz mit Wacholderbeeren

Den Lachs in Stücke schneiden. Den Boden von einem kleinen Bräter mit Wacholdersalz bedecken, die Fischstücke salzen, darauf legen und $1^1/_2$ Stunden stehenlassen.

Die Vertiefung im Boden des Räucherofens mit Räuchermehl füllen. Die Lachsstücke gut abwaschen, trockentupfen, auf den Rost legen und etwa 20 Minuten räuchern.

Lauwarm oder kalt servieren mit einem gemischten Salat und Roggenbrot. Die Basilikumblätter zupfen, in Streifen schneiden und die Schnitten damit garnieren. Ein Salat mit Kapuzinerkresse paßt besonders gut dazu.

Zu geräuchertem Fisch eignen sich meist trockene, mittelkräftige und etwas säurebetonte Weißweine oder Roséweine. Zum geräucherten Lachs pur darf der Wein relativ neutral sein. Silvaner, Weißburgunder und Riesling aus den südlichen Anbaugebieten sind angenehme Begleiter.

Geräucherte Saiblinge mit weissen Bohnen

Für 6 Personen

3 Saiblinge à 500 g
1 kg weiße Bohnen aus der Dose
2 rote Zwiebeln
80 g Parmesan
1 Bund Schnittlauch
Vinaigrette (siehe S. 114)
Pfeffer aus der Mühle
Räuchermehl aus Erle
Räuchersalz mit Wacholderbeeren

Die Saiblinge ausnehmen, gut waschen und trockentupfen. Den Boden eines kleinen Bräters mit Wacholdersalz bedecken. Die Fische salzen, darauf legen und $1^1/_2$ Stunden stehenlassen.

Die Vertiefung im Boden des Räucherofens mit Räuchermehl füllen, die Saiblinge gut abwaschen, trocknen, auf den Rost legen und etwa 12 Minuten räuchern. Anschließend abkühlen lassen.

Die Bohnen abtropfen lassen und auf eine Platte legen. Die Fische filetieren, in Stücke schneiden und darauf legen. Den Parmesan in Stückchen bröckeln und mit Zwiebelringen über den Fisch verteilen. Mit Pfeffer würzen, Vinaigrette darüber gießen und zum Schluß Schnittlauch darüber streuen.

Dazu geröstetes Weißbrot servieren.

Parmesan, Zwiebel und Vinaigrette sind die Geschmacksgeber, ihr Einfluß ist von der Dosierung abhängig. Mit trockenen Kabinettweinen von Grauburgunder oder Silvaner liegt man sicher richtig.

Räucheraal mit blanchiertem Gemüse

Für 4 Personen

500 g Räucheraal
2 rote Zwiebeln
6 Karotten
2 Stangen Lauch
4 Petersilienwurzeln
4 EL Essig
6 EL Öl
150 g saure Sahne
Schnittlauch, Salz, Pfeffer aus der Mühle
Räuchermehl aus Eiche
Räuchersalz mit Wacholderbeeren

Den Aal mit Salz abreiben, ausnehmen und in zwei Stücke schneiden. Den Boden eines kleinen Bräters mit Wacholdersalz bedecken, die Aalstücke gut salzen, darauf legen und $1\frac{1}{2}$ Stunden stehenlassen.

Die Vertiefung im Boden des Räucherofens mit Räuchermehl füllen, die Aalstücke gut waschen und naß auf den oberen Rost legen. Den Aal 20 Minuten räuchern und abkühlen lassen.

Die Karotten, die Petersilienwurzeln und den Lauch in Scheiben schneiden und in Salzwasser blanchieren, so daß das Gemüse noch etwas Biß hat, abschrecken und gut abtropfen lassen.

Dem Aal die Haut abziehen, filetieren, in Stücke schneiden und zusammen mit dem Gemüse auf einer Platte anrichten. Die Zwiebeln in Ringe schneiden, darauf verteilen und mit Pfeffer würzen.

Eine Sauce aus Essig, Öl und saurer Sahne anrühren, den Fisch und das Gemüse damit übergießen und zum Schluß Schnittlauch darüber streuen.

Dazu Weißbrot servieren.

Das Gemüse mit seiner süßlich-herben Grundrichtung und die essigsaure Sauce stellen eindeutige Anforderungen an den Wein. Um ein Addition von Säure zu verhindern muß der Wein sehr mild sein, anklingende Süße wird dem Gemüse besonders gerecht. Ein reifer, halbtrockener fränkischer Silvaner Kabinett ist sicher angenehm.

Geräucherte Forellen

Für 6 Personen

6 Forellen à 400 g
Räuchermehl aus Erle
Räuchersalz mit Wacholderbeeren

Die Forellen ausnehmen, waschen und trockentupfen. Den Boden von einem kleinen Bräter mit Wacholdersalz bedecken, die Fische salzen, darauf legen und $1\frac{1}{2}$ Stunden stehenlassen.

Die Vertiefung im Boden von dem Räucherofen mit Räuchermehl füllen. Die Forellen gut abwaschen, trockentupfen, auf den Rost legen und etwa 12 Minuten räuchern.

Lauwarm oder kalt mit geröstetem Weißbrot, Salat und Sahnemeerrettich servieren.

Trockene bis halbtrockene Kabinettweine von Elbling, Riesling, Silvaner oder Weißburgunder.

Geräucherte Karpfenkoteletts

Für 6 Personen

1 Karpfen von $1^{1}/_{2}$–2 kg
Räuchermehl aus Eiche
Räuchersalz mit Paprika

Dem Karpfen den Kopf abschneiden, von vorne ausnehmen, gut waschen und in Koteletts schneiden. Den Boden von einem kleinen Bräter mit Paprikasalz bedecken, die Koteletts salzen und $1^{1}/_{2}$ Stunden stehenlassen.

Die Vertiefung im Boden des Räucherofens mit Räuchermehl füllen, die Koteletts auf den Rost legen und etwa 15 Minuten räuchern.

Die Karpfenkoteletts warm mit Paprikagemüse oder kalt mit Taramas (siehe S. 33), Zwiebelringen und schwarzen Oliven servieren.

Die Weinauswahl orientiert sich an der Beilage. Wenn die Karpfenkoteletts warm mit Paprikagemüse serviert werden, dann passen am besten halbtrockene Kabinettweine von Riesling oder Bacchus dazu, wenn sie jedoch kalt mit Taramas gereicht werden, trinkt man einen reifen, trockenen Grauburgunder oder Silvaner dazu.

Geräucherter Waller auf Tomatenkraut

Für 6 Personen

900 g Wallerfilet
$1^{1}/_{2}$ kg Weißkohl
600 g Tomatenfleisch
3 Zwiebeln
2 Gläser Weißwein
1 Bund frischer Thymian
1 EL roter Pfeffer
4 rote Chilischoten
Salz
Butterschmalz
Räuchermehl aus Buche
Räuchersalz mit Kräutern aus der Provence

Den Waller in Stücke schneiden und den Boden von einer Schüssel mit Kräutersalz bedecken. Die Filetstücke darauf legen, Kräutersalz darüber streuen und 1 $^{1}/_{2}$ Stunden stehenlassen.

In der Zwischenzeit die Zwiebeln in Scheiben schneiden und in einem großen Schmortopf mit Butterschmalz glasig braten. Den Kohl vierteln, den Strunk entfernen, in Scheiben von 2 Zentimeter schneiden und mit dem Tomatenfleisch, dem Thymian und den Chilischoten dazugeben. Salzen, mit Weißwein löschen und fertig dünsten.

Die Vertiefung im Boden des Räucherofens mit Räuchermehl füllen. Die Wallerstücke waschen, gut trocknen, mit zerstoßenem Pfeffer bestreuen und auf den oberen Rost legen.

Den Waller etwa 12 Minuten räuchern. Auf dem Tomatenkraut und mit Salzkartoffeln servieren.

Ausschlaggebend für die Weinauswahl ist das Tomatenkraut. Dezente Süße, feine Säure und feinherbe Würze sind die Wesensmerkmale, die auch der Wein aufweisen sollte. Reife halbtrockene Riesling Spätlesen erfüllen diesen Wunsch.

Brotaufstrich von geräucherter Renke

1 geräuchertes Renkenfilet von etwa 100 g
1 hartgekochtes Ei
1 TL Kapern
2 Schalotten
70 g kalte Butter
1 Spritzer Zitronensaft
etwas Senf
2 EL gezupfte, frische Majoranblätter
weißer Pfeffer
einige Frühlingszwiebeln

Die Haut vom Renkenfilet entfernen, den Fisch in Streifen schneiden und in eine Schüssel geben.

Die Schalotten schälen, in Scheiben schneiden, in Butter glasig braten, abkühlen lassen und zu den Fischstreifen geben. Die Butter in Würfel schneiden und zusammen mit dem gehackten Ei und den Kapern über die Fischstreifen verteilen. Die Majoranblätter darüber streuen und die Mischung in der Küchenmaschine zerkleinern bis sie zu einer weichen Creme wird.

Mit etwas Senf, Zitronensaft und weißem Pfeffer abschmecken, auf kleine geröstete Brotscheiben streichen, mit Frühlingszwiebelröllchen garnieren und zum Aperitif servieren.

Geräucherte Renken

Für 4 Personen

4 Renken
Räuchermehl aus Erle
Räuchersalz mit Wacholderbeeren

Die Renken schuppen, ausnehmen, waschen und trockentupfen. Den Boden von einem Bräter mit Wacholdersalz bedecken, die Fische salzen, darauf legen und $1^1/_2$ Stunden ziehen lassen.

Die Vertiefung im Boden des Räucherofens mit Räuchermehl füllen.

Die Renken gut abwaschen, trockentupfen, auf den Doppelrost legen und etwa 15 Minuten räuchern.

Lauwarm oder kalt mit Bauernbrot, Salat und Sahnemeerrettich oder Rouille servieren.

Gebratene Bachforellen

Als ich noch zur Schule ging, habe ich dieses Rezept in einem alten Anglerbuch gefunden und mache es noch heute gern, besonders mit kleinen Forellen, die man in den winzigen Gebirgsbächen fängt.

Bachforellen
geräucherter Speck
Haferflocken
Salz

Etwas Speck in einer Pfanne auslassen und eine Handvoll Haferflocken in der Küchenmaschine zerkleinern. Die Forellen ausnehmen, waschen, innen und außen salzen, in den Haferflocken wenden und ausbraten.

Dazu neue Kartoffeln und Salat servieren.

Die Haferflocken saugen das Fett auf und entwickeln beim Braten Röststoffe. Deshalb sollte der Wein nussige bis feinherbe Geschmacksnoten aufweisen, wie z. B. trockener Weißburgunder oder Grauburgunder Kabinett aus der Pfalz oder Rheinhessen.

Saiblinge mit Lorbeer und Wacholder

Für 2 Personen

2 Saiblinge à 300 g
12 Lorbeerblätter
8 Wacholderbeeren
1 EL Essig
Mehl
Salz, weißer Pfeffer
Butterschmalz

Die Saiblinge ausnehmen, gut waschen und trockentupfen. Die Fische mit Salz und Pfeffer innen und außen würzen und zur Seite stellen.

In einer Fischpfanne Butterschmalz erhitzen, die Lorbeerblätter und die Wacholderbeeren darin kurz ziehen lassen. Die Saiblinge in etwas Mehl wenden, in die Pfanne legen und auf beiden Seiten goldgelb braten.

Die Fische auf zwei vorgewärmte Teller legen, den Essig in die Pfanne geben, den Wacholder und den Lorbeer entfernen, kurz umrühren und die Sauce über die Fische verteilen.

Dazu Salzkartoffeln und Salat servieren.

Gefüllte Hechtkoteletts

Für 4 Personen

1 Hecht von $1^1/_2$ kg
150 g Lachsfilet ohne Haut und Gräten
2 Schalotten
1 mittelgroße Pellkartoffel
1 Ei
1 EL Sahne
1 EL Semmelbrösel
Salz, Cayennepfeffer, Muskat
Butter, Butterschmalz

Den Hecht schuppen, die Flossen und den Kopf abschneiden und den Inhalt der Bauchhöhle vorne herausziehen. Den Rumpf in Koteletts schneiden, die Niere von der Unterseite des Rückgrats abkratzen, die Fischstücke gut waschen und trockentupfen.

Die Schalotten in Scheiben schneiden und mit dem in Stücke geschnittenen Lachsfilet in eine Schüssel geben. Die Kartoffel pellen, in Stücke schneiden und dazugeben mit dem Ei, der Sahne und den Schalotten. Mit Salz, Muskat und einem Hauch Cayennepfeffer würzen und in der Küchenmaschine zerkleinern, bis eine geschmeidige Farce entsteht. Zum Schluß die Semmelbrösel einrühren.

Die Hechtkoteletts mit der Farce füllen und mit Butterschmalz braten.

Dazu Kartoffelbrei und Broccoli servieren.

Panierte Forellenfilets

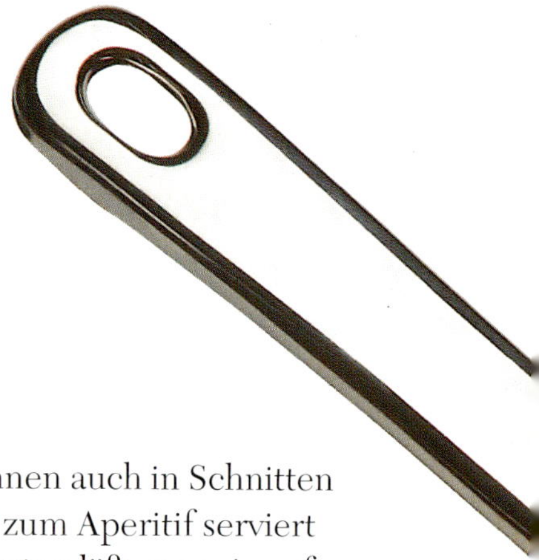

Die Forellenfilets können auch in Schnitten gebraten werden und zum Aperitif serviert werden. Nach dem Braten läßt man sie auf Küchenkrepp abtropfen und die Haut wird so kroß, daß man die Stücke ohne weiteres aus der Hand essen kann.

Für 4 Personen

8 Forellenfilets
1 Eigelb
3 EL saure Sahne
geriebener Parmesan
Semmelbrösel
Salz, weißer Pfeffer
Butterschmalz

Die Gräten aus den oberen Hälften der Filets mit einer Pinzette herausziehen. Die Filets mit Salz und Pfeffer würzen und mit der Hautseite nach unten auf zwei Teller legen.

Das Eigelb mit der sauren Sahne verquirlen und die oberen Seiten der Fischstücke damit bestreichen. Etwas Parmesan und anschließend eine Schicht Brösel darüber streuen und 15 Minuten stehenlassen.

Die Filets mit der Haut nach oben in Butterschmalz goldgelb anbraten, dann wenden. Die Hautseiten bei starker Hitze fertig braten, bis die Haut ganz fest und knusprig ist.

Dazu ein Kartoffelgratin und Sommergemüse servieren.

Zander auf Paprikarahm

Für 4 Personen

600 g Zanderfilet
1 rote Paprika
200 g Tomatenfleisch
1 Zwiebel
2 Tassen Hühnerbrühe
1 kleine rote Chilischote
2 Eigelb
4 EL geriebener Parmesan
¾ Tasse saure Sahne
1 Bund Basilikum
Salz
Butter

Die Zanderfilets waschen, trockentupfen und in Stücke schneiden. In einer großen Pfanne von beiden Seiten anbraten, auf einen Teller legen, salzen und mit Alufolie zudecken.

Die Zwiebel hacken und in derselben Pfanne glasig braten. Die Paprika in Würfel schneiden und mit dem Tomatenfleisch dazugeben. Mit Brühe löschen und salzen. Die Chilischote in Scheiben schneiden, die Kerne entfernen und dazugeben.

Das Gemüse dünsten bis die Flüssigkeit fast verdampft ist. Bis auf einige Blätter zum Garnieren die Basilikumblätter in feine Streifen schneiden und darüber streuen.

Die Pfanne von der Herdplatte nehmen, den Parmesan, die saure Sahne und das Eigelb hineinrühren und abschmecken. Die Zanderstücke wieder in die Pfanne geben und in dem Paprikarahm kurz dünsten lassen. Mit Basilikum garnieren und in der Pfanne servieren.

Dazu Bandnudeln oder Reis reichen.

Der Paprikarahm ist süß-säuerlich und mäßig scharf. Eine gut gereifte halbtrockene Riesling Spätlese vom Mittelrhein wird diesem Geschmacksbild besonders gerecht.

Äschen mit Quittengelee

Für 2 Personen

2 Äschen à 300 g
80 g Schalotten
4 EL Quittengelee
2 EL Hühnerbrühe
$^1/_2$ Zitrone
einige Stengel frischer Thymian
Salz, weißer Pfeffer
Butterschmalz

Die Äschen schuppen, ausnehmen, gut waschen, trockentupfen und innen und außen salzen und pfeffern.

Die Schalotten in Scheiben schneiden und zusammen mit den Äschen in Butterschmalz in einer Fischpfanne von einer Seite braten. Die Fische vorsichtig wenden, das Gelee, die Brühe und den Zitronensaft mit dem Thymian dazugeben, aber nicht über die Fische. Fertig braten und in der Pfanne servieren.

Dazu passen Salzkartoffeln und grüner Salat.

Das Quittengelee wird in der Pfanne in Süße und Bitterton konzentriert. Dies ist eine besondere Herausforderung an den Wein, der nur sehr reife Riesling Spätlesen oder gar Auslesen mit eleganter Süße gewachsen sind.

Barschröllchen mit Räucherlachs

Barschfilets lassen sich ganz leicht zu Röllchen verarbeiten, die nicht nur farblich, sondern auch geschmacklich von dem Räucherlachs unterstützt werden.

Für 6 Personen als Vorspeise

6 Barschfilets à 18 cm Länge
250 g Räucherlachs
80 g geschälte Schalotten
frischer oder getrockneter Majoran
Salz, Pfeffer aus der Mühle
Butterschmalz

Die Barschfilets gerade schneiden, so daß sie auf der ganzen Länge $3^1/_2$ Zentimeter breit sind.

Die Räucherlachsstreifen auf die gleiche Breite und Länge zuschneiden, je ein Barschfilet darauf legen, leicht salzen und pfeffern, zusammenrollen und mit einem kleinen Spieß fixieren.

Die Schalotten in Scheiben schneiden und zusammen mit den Barschröllchen und etwas Majoran in Butterschmalz von beiden Seiten braten. Die Pfanne zu Beginn zudecken, nach 5 Minuten den Deckel entfernen.

Dazu Erbsenschoten und Reis servieren.

Majoran und Räucherlachs sorgen für einen salzig-herben Geschmack, dies verträgt sich gut mit einer rassigen trockenen Riesling Spätlese mit deutlichem Reifebukett.

Barschröllchen mit Speck und Klösschen

Für 4 Personen

8 Barschfilets à 18 cm Länge
200 g milder Frühstücksspeck
250 g Barschfiletreste
50 g Schalotten
50 g Egerlinge
1 Ei
2 EL Parmesan
1 1/2 EL Brösel
75 g Sahne
100 g Schweinenetz
1/2 Bund Petersilie
getrockneter frischer Majoran
Salz, Cayennepfeffer
Butter, Butterschmalz

Die Barschfilets gerade schneiden, so daß sie auf der ganzen Länge 3 1/2 Zentimeter breit sind, jeweils auf eine Scheibe Speck legen, mit einigen gezupften Majoranblättern belegen, zusammenrollen und mit einem kleinen Spieß befestigen.

Die Fischreste in Streifen schneiden, durch den Fleischwolf drehen und in eine Schüssel geben. Die Schalotten in Scheiben schneiden, in Butter glasig braten, abkühlen lassen und über die Fischreste geben. Die Egerlinge in Scheiben schneiden, in Butter braten, bis die Flüssigkeit fast verdampft ist, abkühlen lassen und dazugeben. Das Ei, den Parmesan, die Brösel und die gehackte Petersilie dazugeben und die Sahne darüber gießen. Den restlichen Speck hacken und dazugeben, mit Salz, Cayennepfeffer und Majoran würzen und gut vermengen.

Das Schweinenetz auf einem Brett ausbreiten und 12 Quadrate von 10 Zentimetern ausschneiden. Jeweils 1 Eßlöffel Farce darauf geben, mit nassen Fingern zu Klößchen formen und vorsichtig einwickeln.

Die Klößchen und die Barschröllchen in zwei Pfannen mit Butterschmalz braten und auf einer Platte mit neuen Kartoffeln anrichten.

Dazu Spargel und Erbsenschoten servieren.

Die geschmacksbetonten Klößchen bilden einen interessanten Kontrast zum zarten Spargel, der feine Süße und anregende Säure ins Spiel bringt. Der Wein soll diese Komponenten elegant verbinden. Halbtrockene bis trockene Kabinettweine der Rebsorten Kerner oder Weißburgunder sind wie dafür geschaffen.

Renkenfilets in Krebsbutter

Für 4 Personen

Filets von 4 Renken
1 Bund Basilikum
3–4 EL Krebsbutter (siehe S. 116)
Salz, Pfeffer aus der Mühle
etwas Mehl

Die Renkenfilets halbieren, trockentupfen, auf beiden Seiten leicht salzen und pfeffern, in Mehl wenden und mit der Hautseite nach oben in Krebsbutter anbraten. Die Filets wenden und auf der Hautseite kroß braten.

Die Filets auf einer Platte servieren, mit der Krebsbutter aus der Pfanne übergießen und mit grob gehacktem Basilikum bestreuen.

Dazu Reis und Erbsen oder »Risibisi« servieren.

Aromatische Krebsbutter und herbes Basilikum tragen wesentlich zum Geschmack bei. Deshalb sollten reife, geschmeidige Weißweine mit nussig-buttrigem Geschmack ausgewählt werden, z. B. trockener Grauburgunder vom Kaiserstuhl.

Schleienfilets in brauner Butter mit Kapern

Schleien haben wenig Fett und können eine Buttersauce vertragen, ohne zu üppig zu werden.

Für 4 Personen

750 g Schleienfilet
einige Salbeiblätter
Salz, weißer Pfeffer
Butter
braune Buttersauce mit Kapern (siehe S. 113)

Die Filets in Stücke schneiden, mit einigen Salbeiblättern in Butter braten und auf eine vorgewärmte Platte legen. Die braune Butter mit Kapern darüber gießen und gleich servieren.

Dazu Kartoffelpüree und blanchierte Lauchstangen reichen.

Kapern und Salbei vermitteln ein deutlich herbes Geschmacksbild, das durch die braune Butter noch verstärkt wird. Sehr trockener Müller-Thurgau Kabinett aus Franken ist hierzu ein ebenbürtiger Partner.

Süssaure Karpfenschnitten mit Grillzwiebeln

Als Ersatz für Grillzwiebeln kann man auch Frühlingszwiebeln nehmen.

Für 4 Personen

600 g Karpfenfilet
12 Grillzwiebeln
$1^{1}/_{2}$ Tassen Fleischbrühe
2 EL Zucker
2 EL Weinessig
4 Nelken
1 Bund Basilikum
Salz, Cayennepfeffer
Butterschmalz

Die Karpfenfilets in Stücke schneiden und in einer großen Pfanne mit Butterschmalz anbraten. Die Filetstücke in eine zweite Pfanne geben und warm halten.

Die Grillzwiebeln schälen, in der ersten Pfanne anbraten, bis sie Farbe bekommen und zu den Fischschnitten geben.

Den Bratensatz mit der Brühe löschen, Zucker, Essig und die Nelken dazugeben und leicht reduzieren.

Den Fond über die Karpfenschnitten gießen und das Gericht fertig garen. Die gezupften Basilikumblätter in Streifen schneiden, darüber streuen und mit Salz und Cayennepfeffer abschmecken.

Dazu Kartoffelpüree und Erbsen servieren.

Die süßsaure Komponente sollte sich mit umgekehrter Gewichtung im Wein wiederfinden. Je nach Dosierung von Essig und Zucker sollen feinrassige bis säurebetonte und halbtrockene bis liebliche Riesling Kabinettweine gereicht werden.

Hechtpflanzerl mit Krebsfleisch

Hechtpflanzerl sind keine gewöhnlichen Fischfrikadellen, sondern ein Festessen. Man kann sie auch mit Krabben statt Krebsen zubereiten.

Für 15 Pflanzerl

750 g Hechtfleisch ohne Haut und Gräten
125 g Krebsfleisch
250 g Schweinenetz
2 Eier
2 Zwiebeln
6 EL Kartoffelpüree
2 EL gehacktes Basilikum
Salz, weißer Pfeffer
Butter, Butterschmalz

Den Fisch in Streifen schneiden und durch den Fleischwolf drehen. Die Zwiebeln hacken, in Butter glasig braten, abkühlen lassen und dazugeben. Das Krebsfleisch in Stücke schneiden und zusammen mit den Eiern und dem Püree dazugeben. Das Basilikum darüber streuen, mit Salz und Pfeffer würzen und gut vermengen.

Das Schweinenetz auf einem Brett ausbreiten und Quadrate von 15 Zentimetern ausschneiden. Aus der Fischmischung Pflanzerl formen, in je einem Stück Schweinenetz einwickeln und in Butterschmalz ausbraten.

Dazu Champignons und Reis servieren.

Durch das Ausbraten in Butterschmalz wird der Geschmack verstärkt, die Champignons sorgen für zusätzliches Aroma. Dazu paßt ein etwas blumiger, herzhaft trockener Müller-Thurgau oder ein sehr reifer Riesling aus der Pfalz.

Wallerkrusteln

Aus Wallerfilet werden die feinsten Fischpflanzerl gemacht, aber in Brösel gewendet und als Krusteln ausgebraten schmecken sie am besten.

Für 15 kleine Krusteln

500 g Wallerfilet ohne Haut und Gräten
1 1/2 Zwiebeln
4 EL Kartoffelpüree
1/2 Bund Petersilie
1 Ei
Semmelbrösel
Muskat
Salz, weißer Pfeffer
Butter, Butterschmalz

Die Filets in Stücke schneiden, durch den Fleischwolf drehen und in eine Schüssel geben.

Die Zwiebeln hacken, in Butter glasig braten, abkühlen lassen und dann zusammen mit der gehackten Petersilie, dem Ei und dem Püree dazugeben.

Mit Salz, Pfeffer und etwas Muskat würzen, gut vermengen und zu Krusteln formen. In Semmelbröseln wenden und mit Butterschmalz ausbraten.

Dazu Erbsen und Kartoffelpüree oder lauwarm als Vorspeise servieren.

Zu diesem sehr neutral gehaltenen Gericht sollten leichte, dezente und etwas säurebetonte Weißweine gereicht werden. Riesling, Silvaner oder Weißburgunder Kabinett, trocken zur lauwarmen Vorspeise und halbtrocken zu Krusteln mit Erbsen und Kartoffelpüree.

Weissfischkrusteln

Für 15 kleine Krusteln

500 g Brachsenfilet oder Filets von anderen Weißfischen
1 Scheibe Schinken von 100 g
4 EL Kartoffelbrei
2 EL geriebener Parmesan
1 1/2 Zwiebeln
1 Ei
Majoran
Salz, weißer Pfeffer
Butter, Butterschmalz
Semmelbrösel

Die Filets in Stücke schneiden, durch den Fleischwolf drehen und in eine Schüssel geben.

Die Zwiebeln hacken, in Butter glasig braten, abkühlen lassen und mit dem Ei, dem Parmesan und dem Kartoffelbrei zum Fisch geben. Den Schinken in kleine Würfel schneiden und ebenfalls dazugeben.

Mit Salz, Pfeffer und Majoran würzen, gut vermengen und zu Krusteln formen. In Semmelbrösel wenden und in Butterschmalz ausbraten.

Dazu Bratkartoffeln und Karottengemüse reichen oder lauwarm als Vorspeise servieren.

Die geschmacksintensiven Krusteln vertragen sich gut mit einem reifen, trockenen Grauburgunder Kabinett aus Baden oder mit einer Silvaner Spätlese aus Franken.

Quiche mit Lachs

Bei einer Quiche kann man Fischreste, die bei der Zubereitung einer Pastete oder Terrine übriggebliebenen sind, in unterschiedlichen Kombinationen verwerten: zum Beispiel Hecht mit Saibling oder Forelle mit Zander.

Für 6 Personen

250 g Lachsfilet
2 Eier
2 Eigelb
$1^1/_2$ Tassen Sahne
80 g geriebener Emmentaler
1 Bund Schnittlauch
Salz, weißer Pfeffer
Butter

Für den Teig:

250 g Mehl
170 g Butter
1 Ei
1 EL Milch
Salz

Für den Teig die Butter in Würfel schneiden und mit dem Mehl vermengen. Salz, Ei und Milch dazugeben, gut vermischen, kneten und 1 Stunde ruhenlassen.

Die Eier, das Eigelb und die Sahne verquirlen, mit dem Käse vermischen und mit Salz und Pfeffer würzen.

Eine Quicheform von 28 Zentimeter Durchmesser mit Butter einfetten. Den Teig ausrollen und die Form damit auslegen, den Teig am Boden und an den Rändern andrücken. Den Teig, der über den Rand hängt, bekommt man am saubersten abgetrennt, indem man mit einem Nudelholz über die Form rollt.

Den Teigboden mit einer Gabel in einem regelmäßigen Muster anstechen ohne durchzustechen und dann 30 Minuten kalt stellen.

Den Teig mit einer eingefetteten Alufolie zudecken, die am Boden und Rand festgedrückt wird. Den Teig bei mittlerer Hitze anbacken und, wenn er sich nach oben bläht, flach drücken. Die Folie entfernen und den Teig weitere 4 Minuten backen, dann wieder abkühlen lassen.

Den Lachs in Streifen schneiden und auf dem Teigboden verteilen. Mit Salz und Pfeffer würzen, mit der Eiercreme auffüllen und mit Schnittlauch bestreuen. Einen Teigrand von mindestens 1 Zentimeter frei lassen und bei mittlerer Hitze fertigbacken.

Dazu Weißbrot und einen grünen Salat servieren.

Ein sehr leichtes Gericht, das vom Lachsaroma getragen wird. Deshalb empfehlen sich hierzu ebenso leichte trockene bis halbtrockene Weißweine, jugendlich, mit sanfter Säure und einer zarten, feinherben Geschmacksnote, z.B. Rivaner oder Silvaner Kabinett aus Franken.

Lachs im Teigmantel

Die Fischstücke können auch einfach – wie bei einem Strudel – in den Teig gewickelt werden.

Für 8 Personen

600 g Lachsfilet
300 g Zanderfilet
200 g Egerlinge
75 g geschälte Schalotten
1 Eigelb
$^1/_2$ Bund Petersilie
Salz, Pfeffer aus der Mühle
getrocknetes Basilikum
Butter
Sahne

Für den Teig:

300 g Butter
300 g Quark
400 g Mehl
2 Prisen Salz

Für den Teig die kalte Butter würfeln und mit dem Quark in eine Schüssel geben, das Salz darüber streuen und mit einem Pürierstab gut vermengen. Das Mehl dazugeben, vermischen, kneten, daraus 2 Klöße formen: einen aus einem Drittel des Teigs und den anderen aus den restlichen zwei Dritteln. Kalt stellen und mindestens 1 Stunde ruhenlassen.

Die Schalotten hacken und in Butter anbraten. Die Egerlinge kurz in der Küchenmaschine zerkleinern, ohne daß sie zu einer »Creme« werden und zu den Schalotten geben. Mit Salz, Pfeffer und Basilikum würzen und die gehackte Petersilie darüber streuen, die Pilzflüssigkeit verdampfen lassen und zur Seite stellen.

Das Lachsfilet der Länge nach schräg durchschneiden, so daß zwei gleichmäßige, sich nach hinten verjüngende Stücke entstehen. Ein Backblech, das sich in der Mitte auseinanderziehen läßt, einbuttern. Den größeren Teigkloß ausrollen und eine Form, etwas länger als die Filets und dreimal so breit, ausschneiden. Den Teig auf das Blech legen und mit der Schalotten-Pilz-Mischung bestreichen.

Die Filets salzen und pfeffern und übereinander auf den Teig legen, mit dem Zander in der Mitte. Die Seiten und Enden des Teigs über den Filets in der Form eines Fisches ohne Flossen falten. Das obere Filet, das nicht ganz zugedeckt ist, mit Schalotten-Pilz-Mischung bestreichen. Das Eigelb mit etwas Sahne verquirlen und die Teigränder damit einpinseln.

Den kleineren Teigkloß ausrollen, in der Form eines Fisches mit Schwanzflosse ausschneiden und die Filets damit zudecken. Maul, Auge und Flossen aus den Teigresten formen und mit Eigelb an dem Fisch befestigen. Mit der abgerundeten Klinge eines Messers ein Schuppenmuster in den Teig drücken und den ganzen Fisch mit Eigelb einpinseln.

Die Pastete bei mittlerer Hitze 1 Stunde goldgelb backen.

Entweder warm mit grünen Bohnen und neuen Kartoffeln servieren oder kalt mit einem grünen Bohnensalat und Mayonnaise.

Der Lachs entwickelt in der Teighülle sein volles Aroma, die Egerlinge ergänzen es mit ihrem feinwürzigen Geschmack. Hier darf der Wein etwas säurebetont, mittelkräftig und deutlich trocken sein. Ein feines Reifebukett ist von Vorteil. Diese Merkmale bieten Weißburgunder Spätlesen aus Rheinhessen und der Pfalz oder auch eine mäßig gereifte Riesling Spätlese aus der Ortenau in Baden.

Getrüffelte Lachsterrine

Fischterrinen sollten möglichst mit einem elektrischen Messer geschnitten werden, da die Filets in der Mitte sonst leicht auseinanderbrechen.

Für 8 Personen

750 g Lachsfilet
3 Scheiben Weißbrot ohne Rinde
1 Ei
1 Eiweiß
120 g Schalotten
250 g Sahne
18 g schwarzer Trüffel
Salz, weißer Pfeffer, Senfpuder, Muskat
Butter

Eine Kastenform von 24 Zentimeter Länge mit Butter einfetten, ein Lachsfilet auf 22 mal 6 Zentimeter zuschneiden und zur Seite stellen.

Den restlichen Fisch und das Brot in Streifen schneiden und mit dem Ei und dem Eiweiß in eine Schüssel geben. Die Schalotten in Scheiben schneiden, in Butter glasig braten, kalt stellen und mit der Hälfte der Sahne über die Fischstreifen verteilen. Die Mischung mit Salz, Pfeffer, etwas Senfpuder und Muskat würzen und kurz ins Gefrierfach stellen.

Anschließend die gewürzten Fischstreifen in der Küchenmaschine zerkleinern und durch ein Haarsieb streichen, bis daraus eine geschmeidige Farce wird. Die zweite Hälfte der Sahne dazugeben, den Trüffel in feine Würfel schneiden und vorsichtig hineinrühren.

Die Hälfte der Farce in die Kastenform löffeln, das abgeschnittene Filetstück mit Salz und Pfeffer würzen und darauf legen. Die restliche Farce in die Form füllen, wobei sie in den Ecken und um das Filetstück herum gut verteilt werden muß.

Die Form mit Folie zudecken und bei mittlerer Hitze im Wasserbad etwa 1 Stunde backen. Leicht abkühlen lassen, auf eine Platte stürzen, mit Frischhaltefolie zudecken und über Nacht stehenlassen.

Dazu Weißbrot, Mayonnaise und einen grünen Salat servieren.

Die Lachsterrine ist zart und locker, das Lachsfilet gibt Biß und Aroma, die feinen Trüffelwürfel tragen zur Ergänzung des Aromas bei. Der Wein soll leicht bis mittelkräftig sein und bei mäßiger Säure etwas Süße zeigen. Ein halbtrockener Saar-Riesling Kabinett, der etwa fünf Jahre alt ist, erfüllt diese Wünsche beispielhaft.

Forellenmousse mit Gemüse

Eine Mousse mit blanchiertem Gemüse zu garnieren, kann sehr lange dauern. Man kann das Gemüse auch weglassen und Mousse und Filets in eine Form füllen.

Für 6 Personen

700 g Forellenfilet
1 l kurze Brühe
40 g geschälte Schalotten
2 Karotten
1 rote Paprika
1 Bund Radieschen
1 gefüllte Olive
150 g Sahne
Salz, weißer Pfeffer, Senfpulver, Muskat
Butter, Öl
4 $^{1}/_{2}$ Päckchen Gelatine

Die Filets mit Brühe dämpfen und kalt stellen. 2 schöne Filetstücke zur Seite stellen und 250 Gramm Forellenfleisch in Streifen schneiden. Die Schalotten in Scheiben schneiden, in Butter glasig braten, kalt stellen und auf dem Fisch verteilen. Mit Salz, Pfeffer, Senfpuder und Muskat würzen und in der Küchenmaschine mit etwas Brühe zerkleinern, bis eine relativ feste Farce entsteht, dann durch ein Haarsieb streichen und kalt stellen.

Die Brühe abseihen, einige Eßlöffel davon mit drei Päckchen Gelatine in einen Topf geben. Die Gelatine aufquellen lassen, $^{1}/_{2}$ Liter Brühe dazugießen und erwärmen, bis sich die Gelatine unter ständigem Rühren aufgelöst hat. Eine Fischform von 32 Zentimeter Länge mit einigen Tropfen Speiseöl benetzen. Etwas flüssige Gelatine hineingießen, schwenken und in einem Kaltwasserbad gelieren lassen. Den Vorgang mehrmals wiederholen, bis sich eine Schicht von etwa 3 Millimetern gebildet hat.

Die Karotten in Würfel und die Paprika in Streifen schneiden und das Gemüse in Salzwasser kurz blanchieren. $^{1}/_{2}$ gefüllte Olive auf das Fischauge legen, Karottenwürfel auf die Kiemen verteilen, Paprikastreifen auf die Flossen legen und Radieschenscheiben als Schuppen auf den Fisch schichten. Die zwei Filets auf das Gemüse legen, Gelatine darüber gießen und im Kühlschrank gelieren lassen.

Die Sahne schlagen, mit der Farce vermischen und abschmecken. 1 $^{1}/_{2}$ Päckchen Gelatine in $^{1}/_{2}$ Tasse Brühe aufquellen lassen, erwärmen, bis sich die Gelatine auflöst, abkühlen lassen und mit der Farce gut vermischen. Als letzte Schicht die Farce mit der Gelatine in die Fischform füllen und in den Kühlschrank stellen.

Nach einigen Stunden die Form für etwa 30 Sekunden in ein Heißwasserbad stellen und auf ein Brett stürzen.

Dazu Weißbrot und Mayonnaise servieren.

Die Forellenmousse ist sehr dezent und leicht, deshalb sollten ebensolche Weine mit verhaltener Säure gewählt werden. Trockene bis halbtrockene Kabinettweine von Silvaner aus Rheinhessen, Riesling von der Nahe oder Nobling aus Baden.

Zanderterrine mit Gemüse

Für 6 Personen

700 g Zanderfilet, davon 1 Filet von der Länge der Terrine
50 g Steinpilze
2 Eier
1 Eigelb
3 Scheiben Weißbrot
200 g Sahne
100 g geschälte Schalotten
80 g gewürfelte Karotten
80 g Erbsen
$^1/_2$ rote Paprika
4 EL geriebener Parmesan
4 Stengel Estragon
Salz, weißer Pfeffer
Butter

Das Filetstück in der Länge der Terrine zur Seite stellen. Das restliche Zanderfleisch in Streifen schneiden und mit den kleingeschnittenen Steinpilzen sowie den Eiern und dem Eigelb in eine Schüssel geben und kalt stellen.

Die Rinde der Brotscheiben abschneiden, das Brot in Streifen schneiden, zu dem Fisch geben, mit der Sahne übergießen und wieder kalt stellen.

Die Schalotten in Scheiben schneiden, in Butter glasig braten, erkalten lassen und über die Brotstreifen verteilen. Mit Salz und Pfeffer würzen und die gezupften Estragonblätter dazugeben.

Die Mischung in der Küchenmaschine zerkleinern und durch ein Haarsieb streichen, so daß eine geschmeidige Farce entsteht.

Das Gemüse in Salzwasser kurz blanchieren, abschrecken, abtropfen lassen, zu der Farce geben und alles gut vermengen.

Die Hälfte der Farce in eine Form oder Terrine von 24 Zentimeter Länge geben. Das Filetstück mit Salz und Pfeffer würzen, darauf legen und die restliche Farce in die Form füllen. Im Wasserbad zugedeckt backen, abkühlen lassen, auf ein Brett stürzen, mit Frischhaltefolie zudecken und über Nacht stehenlassen.

Dazu Weißbrot und Paprikasalat servieren.

Diese Terrine ist sehr dezent und leicht, ein filigraner zarter Riesling Kabinett vom Mittelrhein oder Weißburgunder von der Hessischen Bergstraße, trocken bis halbtrocken, lassen die Terrine gut zur Geltung kommen.

Hechtterrine mit Rehleber

Im ersten Moment scheint die Kombination von Fisch und Fleisch etwas kühn zu sein. Fisch und Fleisch können jedoch im Geschmack sehr gut miteinander harmonisieren.

Für 8 Personen

300 g Hechtfleisch ohne Gräten
250 g Hechtfilet
150 g Reh- oder Kalbsleber
120 g Schweinemett
100 g Champignons
100 g geschälte Schalotten
150 g milder Frühstücksspeck
200 g Sahne
3 Scheiben Weißbrot
1 Ei
1 Eiweiß
2 EL Zitronenthymianblätter
Zitronensaft
Salz, weißer Pfeffer
Butter

Einen Hecht von $1^1/_2$ Kilogramm schuppen, ausnehmen und filetieren. Die Haut abziehen, das Fleisch waschen und trocknen, dann die Gräten von den oberen Hälften der Filets entfernen. 2–3 schöne Filetstücke von 250 Gramm in der Länge der Terrine zuschneiden und zur Seite stellen.

Den restlichen Fisch sowie die Leber in kleine Streifen schneiden und mit dem Schweinemett in eine Schüssel geben. Die Rinde der Brotscheiben abschneiden, das Brot in Würfel schneiden und darüber streuen. Das Ei, das Eiweiß und die Sahne dazugeben, dann kalt stellen.

Die Schalotten in Scheiben schneiden und in Butter glasig braten. Die Champignons putzen, in Streifen schneiden, mit Zitronensaft leicht beträufeln und mitbraten, bis die Flüssigkeit verdampft ist. Abkühlen lassen und zu den anderen Zutaten in der Schüssel geben. Mit Salz, Pfeffer und gezupften Thymianblättern würzen und kurz in das Gefrierfach stellen.

In der Küchenmaschine alles zerkleinern und durch ein Haarsieb streichen, so daß eine geschmeidige, leicht glänzende Farce entsteht.

Eine Terrine oder Backform von 20–24 Zentimeter Länge mit Speck auslegen, wobei die Scheiben quer liegen und die Enden über die Seiten hängen sollen. Die Hälfte der Farce einfüllen, die Filetstücke darauf legen und mit der restlichen Farce auffüllen. Die überhängenden Enden der Speckscheiben über die Farce biegen, die Terrine mit einem Deckel oder einer Schicht Alufolie verschließen und etwa $1^1/_2$ Stunden im Wasserbad backen.

Auf ein Brett stürzen, mit Frischhaltefolie zudecken und über Nacht stehenlassen. Am besten mit einem Elektromesser in Scheiben schneiden, mit Thymian garnieren und mit einem Salat aus blanchierten grünen Bohnen servieren.

Die Rehleber verleiht der Terrine einen deutlich herben Geschmack, der durch Zitronenthymian eine zusätzliche erfrischend herbe Note bekommt. Gut gereifter, trockener Chardonnay oder Grauburgunder (kein Barrique) von der Nahe, Pfalz oder Rheinhessen werden diesen Merkmalen gerecht.

Lachsmousse mit Kaviar

Für 8 Personen

600 g Lachsfilet ohne Haut und Gräten
80 g geschälte Schalotten
3 Scheiben Weißbrot
1 Ei
1 Eigelb
$^{1}/_{4}$ *l Weißwein*
1 Tasse Fischbrühe
150 g Lachskaviar
150 g Sahne
1 Döschen Safran von 0,1 g
2 $^{1}/_{2}$ *Päckchen gemahlene Gelatine*
1 Bund frisches Basilikum
Salz, Cayennepfeffer
Butter

Die Schalotten in Scheiben schneiden und in einem kleinen Bräter mit Butter glasig braten. Den Fisch mit Salz und Cayennepfeffer würzen, auf die Schalotten legen und im Ofen etwa 30 Minuten garen. Abkühlen lassen und in Stücke schneiden.

Die Rinde vom Weißbrot abschneiden, die Scheiben in Streifen schneiden und über den Lachs verteilen. Das Ei, das Eigelb und die Sahne dazugeben und mit Safran nachwürzen. Die Mischung in der Küchenmaschine zerkleinern, durch ein Sieb streichen und die Hälfte in eine zweite Schüssel geben.

In einem Topf 1 Päckchen Gelatine im Wein aufquellen lassen und anschließend erwärmen, bis die Gelatine sich unter ständigem Rühren aufgelöst hat. Etwas flüssige Gelatine in eine Ring- oder Terrinenform gießen, darin herumschwenken und in einem Kaltwasserbad gelieren lassen. Diesen Vorgang mehrmals wiederholen, bis sich eine Schicht von 2–3 Millimetern gebildet hat.

Die restliche Gelatine in der Fischbrühe auflösen, die Hälfte davon mit der einen Hälfte der Lachsmousse vermischen und in die Form füllen, dann in den Kühlschrank stellen.

Den Lachskaviar als einen Ring in die Mitte der halbgelierten Mousse geben, die übrige Gelatine mit der zweiten Hälfte der Mousse vermischen, die Form damit auffüllen und in den Kühlschrank stellen.

Nach 2–3 Stunden die Form für etwa 30 Sekunden in ein Heißwasserbad stellen, die fertige Mousse auf einen Teller stürzen und mit Salat oder Kräutern garnieren. Mit wildem Spargel läßt sich die Mousse besonders schön garnieren.

Dazu Weißbrot und etwas Salat servieren.

Eine geschmeidige Konsistenz, ein leicht salziger, aber auch süßlich-herber Geschmack sind die Wesensmerkmale dieser feinen Mousse. Feinrassige Säure verträgt sich gut mit salzigen Komponenten. Eine süßlich-herbe Note und ausreichend Säure haben halbtrockene bis mäßig trockene und gut ausgereifte Riesling Kabinettweine aus dem Rheingau.

Zandermousse

Für 8 Personen

800 g Zanderfilet
100 g geschälte Schalotten
150 g Sahne
$1^1/_2$ l kurze Brühe
2 Eigelb
2 Sardellenfilets
2 EL geriebener Parmesan
100 g geschälte Crevetten
1 Bund Estragon
1 Bund Petersilie
1 Döschen Safran von 0,1 g
2 Päckchen gemahlene Gelatine
1 Zitrone
Salz, weißer Pfeffer
Butter

Die Zanderfilets waschen, trockentupfen, mit Salz und Pfeffer würzen, im Sud (siehe Kurze Brühe, S. 22) dämpfen und erkalten lassen. Den Fisch in Streifen schneiden und die Hälfte der Menge in eine Schüssel geben. Die Schalotten in Scheiben schneiden, in Butter glasig braten und die Hälfte über die Streifen in der Schüssel streuen.

Die Kräuter mit dem Eigelb und einem Löffel Sahne in der Küchenmaschine zerkleinern und auch über die Fischstreifen verteilen. Die Mischung zusammen mit der Hälfte der Sahne und etwas Fischsud zerkleinern und durch ein Sieb streichen, so daß eine glatte Farce entsteht. Mit Salz, Pfeffer und Zitronensaft abschmecken und eventuell noch etwas Fischsud dazugeben.

Die Gelatine mit einer Tasse Fischsud in einem Topf aufquellen lassen und unter ständigem Rühren erwärmen, bis sich die Gelatine völlig aufgelöst hat. Die Hälfte zu der Farce gießen und mit dem Handmixer einrühren. Die fertige Farce in eine Terrine oder Backform von 20–24 Zentimeter Länge füllen und in den Kühlschrank stellen, bis die Masse geliert ist.

Die restlichen Fischstreifen, Schalotten, Sahne, zwei Sardellenfilets, Parmesan und ein Eigelb in eine Schüssel geben, mit Safran würzen und in der Küchenmaschine mit etwas Fischsud zerkleinern. Mit Salz und Pfeffer abschmecken, eventuell noch etwas Fischsud dazugeben und die Masse durch ein Sieb streichen.

Die restliche flüssige Gelatine dazugeben, mit dem Handmixer gut einrühren, auf die gelierte Kräuterfarce in die Form füllen und über Nacht im Kühlschrank stehenlassen.

Die Form für etwa 30 Sekunden in ein Heißwasserbad stellen und auf ein Brett stürzen. In Scheiben schneiden und mit Crevetten garnieren.

Dazu Weißbrot und Salat servieren.

Leichte und lockere Konsistenz und süßlich-herber Geschmack sind in der Mousse vereint. Annähernd gleiche Merkmale soll der Wein aufweisen, denn Harmonie beruht auf Annäherung und Gleichklang. Trockene bis halbtrockene Kabinettweine haben die gewollte Leichtigkeit. Silvaner aus Franken, Müller-Thurgau aus Sachsen und Kerner aus Württemberg haben das gesuchte Geschmacksbild.

Hechtpastete

Warme Pasteten sind eine englische Spezialität und sollten nur mit festem Fischfleisch zubereitet werden.

Für 6 Personen

$1^1/_2$ kg Hechtfilet ohne Haut und Gräten (Hecht von $2–2^1/_2$ kg)
12–18 Krebse
200 g Crème double
100 g geschälte Schalotten
$^1/_2$ Bund Estragon
1 Eigelb
Sahne
Salz, weißer Pfeffer
Butter

Für den Teig:

250 g Quark (20%)
250 g Butter
325 g Mehl
2 Prisen Salz

Die kalte Butter in Würfel schneiden und mit dem Quark in eine Schüssel geben, das Salz darüber streuen und mit einem Pürierstab gut vermengen. Das Mehl dazugeben, vermischen, kneten und, wenn nötig, noch Mehl dazugeben. Zu einem Kloß formen, kalt stellen und mindestens eine Stunde ruhenlassen.

Den Fisch in Würfel schneiden, die Krebsschwänze ausbrechen und dazugeben. Mit Salz und Pfeffer würzen und zur Seite stellen.

Die Schalotten in Scheiben schneiden und in einem Schmortopf mit Butter glasig braten. Die Crème double dazugeben, dann die gezupften Estragonblätter hacken und darüber streuen. Den Topf von der Herdplatte nehmen, die Hechtwürfel und Krebsschwänze dazugeben, dann vorsichtig vermengen.

Die Mischung in eine Quicheform von 28 Zentimeter Durchmesser füllen. Den Teig ausrollen, einige $2^1/_2$ Zentimeter lange Streifen davon abschneiden und rundherum oben auf den Rand der Quicheform drücken.

Das Eigelb mit etwas Sahne verquirlen und den Teigrand damit einpinseln. Einen Kreis von etwa 32 Zentimetern aus dem Teig schneiden und mit Hilfe des Nudelholzes auf die Form legen. Die Ränder andrücken und mit einer Schere die Teigreste abschneiden, wobei der Deckel $^1/_2$ Zentimeter über den Rand hinausragen soll.

Ein Dampfloch von 4–5 Zentimeter Durchmesser in den Deckel schneiden, die Pastete mit Ei-Sahne-Mischung einpinseln und mit Teigresten dekorieren. Etwa 45 Minuten goldgelb backen und in der Form servieren.

Dazu Salzkartoffeln und Erbsen reichen.

Durch das Garen in der geschlossenen Teighülle kann sich das Aroma von Hecht und Krebsen gut entfalten ohne zu entweichen. Die Hechtpastete erhält dadurch einen kräftigen Geschmack mit deutlichem Aroma.
Eine gut gereifte Riesling Spätlese, trocken bis halbtrocken, unterstreicht den Geschmack der Pastete, ohne sich ihr unterzuordnen.

Wallerpastete

Für 6 Personen

1 kg Wallerfilet ohne Haut und Gräten
200 g geräucherter durchwachsener Speck
125 g geschälte Schalotten
150 g Pfifferlinge
1 Bund Petersilie
1 Eigelb
Sahne
Salz, Pfeffer aus der Mühle
Butterschmalz

Für den Teig:

250 g Quark
250 g Butter
325 g Mehl
2 Prisen Salz

Die kalte Butter in Würfel schneiden und mit dem Quark in eine Schüssel geben. Das Salz darüber streuen und mit einem Pürierstab gut vermengen. Das Mehl dazugeben, vermischen, kneten und wenn nötig noch Mehl dazugeben. Zu einem Kloß formen, kalt stellen und mindestens eine Stunde ruhenlassen.

Den Fisch in Würfel schneiden, salzen und mindestens 1 Stunde ziehen lassen. Den Speck in Streifen schneiden und zusammen mit den Schalotten in einer Pfanne mit Butterschmalz langsam anbraten, so daß möglichst viel Flüssigkeit verdampft. Die Pfifferlinge dazugeben, abkühlen lassen und mit den trockengetupften Fischwürfeln vermischen.

Die Mischung in eine Quicheform von 28 Zentimeter Durchmesser geben, mit Pfeffer würzen und gehackte Petersilie darüber streuen.

Den Teig ausrollen, einige 2 ½ Zentimeter lange Streifen davon abschneiden und rundherum oben auf den Rand der Quicheform drücken. Das Eigelb mit etwas Sahne verquirlen und den Teigrand damit einpinseln.

Einen Kreis von etwa 32 Zentimetern aus dem Teig schneiden und mit Hilfe des Nudelholzes auf die Form legen. Die Ränder andrücken und mit einer Küchenschere die Teigreste abschneiden, wobei der Deckel ½ Zentimeter über den Rand hinausragen sollte.

Ein Dampfloch von 4–5 Zentimeter Durchmesser in den Deckel schneiden, die Pastete mit der Ei-Sahne-Mischung einpinseln und mit Teigresten dekorieren. Etwa 45 Minuten goldgelb backen und in der Form servieren.

Dazu Salzkartoffeln und grünen Salat reichen.

Die Pfifferlinge und der geräucherte Speck geben der etwas fülligen Wallerpastete einen kräftigen Geschmack und ein deutliches Aroma. Der dazu gereichte Wein sollte mittelkräftig bis gehaltvoll sein, ein betont pflanzliches Aroma aufweisen und bei sehr weicher Säure möglichst trocken sein. Diese Eigenschaften haben meist vier bis fünf Jahre alte Grauburgunder Spätlesen aus der Pfalz und aus Baden.

Aalpastete mit Paprikagemüse

Für 6 Personen

1 1/2 kg Aal
1 rote Paprika
1 grüne Paprika
1 gelbe Paprika
400 g Tomatenfleisch
1 Bund Frühlingszwiebeln
1 1/2 EL Essig
frischer Majoran
Salz, Pfeffer aus der Mühle
Öl

Für den Teig:

250 g Quark (20%)
250 g Butter
350 g Mehl
2 Prisen Salz
1 Eigelb
Sahne

Die Aale mit Salz abreiben, ausnehmen und die Haut abziehen, indem man einen Rundschnitt hinter den Köpfen macht und die Häute mit einer Zange herunterzieht.

Bei den Aalen beidseitig entlang des Rückgrats schneiden und die Filets abtrennen. Anschließend die graue Innenhaut abziehen, die Filets in Stücke schneiden, salzen und 2 Stunden stehenlassen.

Die kalte Butter in Würfel schneiden und mit dem Quark in eine Schüssel geben, das Salz dazugeben und mit einem Pürierstab gut vermengen. Das Mehl dazugeben, vermischen, kneten und, wenn nötig, noch Mehl dazugeben. Zu einem Kloß formen, kalt stellen und mindestens 1 Stunde ruhenlassen.

Das Weiße der Frühlingszwiebeln in Scheiben schneiden, in einer Pfanne mit Öl anbraten und zur Seite stellen.

Die Paprika in Rauten schneiden, mit dem Tomatenfleisch und dem Essig in der Pfanne dünsten, bis die Flüssigkeit zum größten Teil verdampft ist.

Die Mischung in eine Quicheform von 28 Zentimeter Durchmesser geben, die Frühlingszwiebeln darauf verteilen, einige Majoranstengel dazugeben und abkühlen lassen. Zum Schluß die Aalstücke darauf legen.

Den Teig ausrollen, einige 2 1/2 Zentimeter lange Streifen davon abschneiden und rundherum oben auf den Rand der Quicheform drücken. Das Eigelb mit etwas Sahne verquirlen und den Teigrand damit einpinseln.

Einen Kreis von etwa 32 Zentimeter Durchmesser aus dem Teig schneiden und mit Hilfe des Nudelholzes auf die Form legen. Die Ränder andrücken und mit einer Küchenschere die Teigreste abschneiden, wobei der Deckel 1/2 Zentimeter über den Rand hinausragen sollte.

Ein Dampfloch von 4 Zentimeter Durchmesser in den Deckel schneiden, die Pastete mit Eigelb und Sahne einpinseln und mit Teigresten dekorieren. Etwa 45 Minuten goldgelb backen und in der Form servieren.

Dazu passen Bamberger Hörnchen.

Frische Paprika, Frühlingszwiebeln und reichlich Tomatenfleisch ergeben mit dem Aal eine leichte Pastete mit süßsaurem Geschmack. Majoran setzt eine feinherbe Note hinzu. Hierzu eignen sich besonders gut leichte bis mittelkräftige Weißweine und Weißherbste mit mäßig betonter Säure, erkennbarer Restsüße und feinwürzigem Aroma: halbtrockene Kabinettweine von Kerner und Bacchus oder trockener bis halbtrockener Spätburgunder Weißherbst.

Kleine Aalpasteten

Für etwa 15 Pasteten

200 g Aalfilet
100 g Parmaschinken
frische Salbeiblätter
1 Eigelb
Salz, Pfeffer aus der Mühle, Butter

Für den Teig:

200 g Quark (20%)
200 g Butter
280 g Mehl
1 Prise Salz

Den Teig wie für eine große Aalpastete (siehe S. 111) herstellen und mindestens 1 Stunde ruhenlassen.

Die graue Innenhaut der Filets abziehen, den Fisch in dreieckige Stücke schneiden, salzen und eine Stunde stehenlassen.

Den Teig dünn ausrollen, in Quadrate von 12 Zentimetern schneiden. Auf jedes Quadrat ein Stück Parmaschinken legen, so daß ein Rand von 1 Zentimeter unbedeckt bleibt. Je ein Stück Aalfilet und ein Salbeiblatt darauf legen. Die Ränder mit Eigelb einpinseln und die Pasteten diagonal zusammenfalten. Die Ränder gut zusammendrücken und mit einem Teigrad darüberrollen.

Ein Blech mit Butter einfetten, die Pasteten darauf legen, mit Eigelb einpinseln und im Ofen goldgelb backen.

Lauwarm zum Aperitif servieren.

Ein rauchig-salzig wirkender Appetithappen, der mit einer sehr reifen Riesling Auslese mit feiner Süße und erkennbarem Altersbukett ein gelungener Auftakt für einen festlichen Abend sein kann.

Helle Buttersauce

Zu gedämpftem, gedünstetem und gebratenem Fisch.

150 g kalte Butter
3 Schalotten
6 EL Weißweinessig
6 EL trockener Weißwein
1 Prise Salz
1 Prise Zucker
weißer Pfeffer

Die Schalotten schälen und fein hacken. In einem kleinen Topf mit etwas Butter glasig dünsten, mit Essig und Wein löschen und auf ein Drittel reduzieren.

Salz und Zucker dazugeben, 1 Eßlöffel Butter hineingeben und auf kleiner Flamme mit einem Schneebesen in die restliche Flüssigkeit einrühren. Nach und nach die Butter stückchenweise dazugeben, jedoch stets warten, bis das letzte Stückchen absorbiert ist.

Mit weißem Pfeffer abschmecken und sofort servieren.

Butter-Eier-Sauce

Paßt zu gedämpftem, gedünstetem und gebratenem Fisch.

1 Tasse Fischsud
3 Eigelb
1 EL Zitronensaft
150 g Butter
Salz, weißer Pfeffer

Den Fischsud auf ein Drittel reduzieren und über einem heißen Wasserbad die Eigelb einrühren, bis der Sud cremig wird.

Den Zitronensaft dazugeben und stückchenweise die Butter einarbeiten (siehe helle Buttersauce).

Mit Salz und weißem Pfeffer abschmecken und sofort servieren.

Braune Buttersauce mit Kapern

Paßt zu gedämpftem, gedünstetem und gebratenem Fisch.

150g Butter
1 EL Kapern
4 EL Rotweinessig
Salz, weißer Pfeffer

Die Butter in einem kleinen Topf erhitzen und braun werden lassen, ohne daß sie verbrennt. Den Essig und die Kapern dazugeben und mit Salz und Pfeffer würzen. Sofort servieren.

Vinaigrette

Die Vinaigrette kalt zu Salaten und warm zu gedämpftem Fisch servieren.

9 EL Essig
18 EL Öl
1 TL scharfer Senf
Salz, weißer Pfeffer
wahlweise gehackte Kräuter

In einer kleinen Rührschüssel den Senf mit dem Essig vermischen und anschließend das Öl einrühren. Dann mit Salz und Pfeffer würzen und die gehackten Kräuter dazugeben.

Tomatenvinaigrette

Paßt zu kaltem gedämpftem Fisch und zu Terrinen.

250 g Tomatenfleisch (etwa 500 g frische Tomaten)
7 EL Olivenöl
4 EL Essig
1 1/2 Zwiebeln
1 Bund Basilikum
Salz, Pfeffer aus der Mühle

Den Essig mit dem Öl gut vermischen, die Zwiebeln hacken, dazugeben und 2–3 Stunden ziehenlassen. Die Tomaten in kochendem Wasser blanchieren, die Häute abziehen und die Tomaten vierteln. Die Kerne entfernen, das Tomatenfleisch grob hacken, mit den Zwiebeln, Essig und Öl gut vermengen und mit Salz und Pfeffer abschmecken.

Kurz vor dem Servieren die Basilikumblätter zupfen, hacken und daruntermischen.

Mayonnaise

Zu kaltem gedämpftem Fisch und Terrinen.

4 Eigelb
2 Tassen leichtes Pflanzenöl
6 EL Weißweinessig
etwas Senf
Salz, weißer Pfeffer

Die Eigelb mit der Küchenmaschine so lange schlagen, bis sie hellgelb werden und keine Bläschen mehr werfen.

Das Öl tropfenweise dazugeben und weiterrühren. Kein Öl hinzufügen, bevor nicht der letzte Tropfen absorbiert ist. Nach und nach mehr Öl einrühren, bis die Mayonnaise steif geworden ist.

Anschließend mit Senf, Essig, Salz und Pfeffer abschmecken und wahlweise gehackte Kräuter dazugeben.

Sauce Tartare

Zu gebratenem Fisch.

3 Eigelb
$1^1/_2$ Tassen Öl
4 EL Weißweinessig
etwas Senf
4 EL feingehackte Zwiebeln
4 EL feingehackte Cornichons
$1^1/_2$ EL feingehackte Kapern
2 hartgekochte Eier, kleingehackt
1 Bund Schnittlauch
3 EL gehackte Petersilie
Salz, weißer Pfeffer

Aus Eigelb, Öl, Essig und Senf eine Mayonnaise anrühren (siehe S. 114). Die übrigen Zutaten dazugeben, gut vermischen und mit Salz und Pfeffer abschmecken.

Sauce Hollandaise

Zu gedämpftem und gedünstetem Fisch.

6 EL Fischbrühe
6 EL Weißwein
2 EL Zitronensaft
3 Eigelb
1 Prise Salz
1 Prise Zucker
150 g Butter
weißer Pfeffer

Brühe, Weißwein und Zitronensaft in einem kleinen Topf auf ein Drittel reduzieren. Über einem heißen Wasserbad das Eigelb einrühren, bis die Mischung cremig wird.

Salz und Zucker dazugeben und stückchenweise die Butter einarbeiten. Dabei darf die Sauce nicht mehr kochen, da sie sonst gerinnt.

Zum Schluß mit Pfeffer abschmecken.

Grüne Kräutersauce

Zu gedünstetem Fisch.

4 Schalotten
100 g kalte Butter
1 Tasse Blattpetersilie ohne Stengel
2 Tassen frische Estragonblätter ohne Stengel
200 g saure Sahne
1 Tasse Fischbrühe
2 Eigelb
Muskat
Salz, weißer Pfeffer

Die Schalotten schälen, in Scheiben schneiden, in Butter glasig braten und abkühlen lassen.

Die Petersilie und Estragonblätter zupfen, zusammen mit den Schalotten und der sauren Sahne im Mixer so fein wie möglich zerkleinern und anschließend passieren.

Die Brühe auf ein Drittel reduzieren, die Eigelb über einem heißen Wasserbad mit einem Schneebesen einrühren, bis die Mischung cremig wird und die Butter stückchenweise dazugeben. Dabei darf keine Butter hinzugefügt werden, bevor nicht das letzte Stückchen absorbiert ist.

Die Kräuter-Sahne-Mischung dazugeben und zum Schluß vorsichtig mit Salz, Pfeffer und Muskat abschmecken.

Sahnemeerrettich

Zu geräuchertem Fisch.

4 EL geriebener Meerrettich
1 Zwiebel
1 Prise Zucker
1 Prise Salz
1 TL Zitronensaft
175 g Sahne
Muskat

Den Meerrettich schälen, reiben und 4 Eßlöffel davon in eine Rührschüssel geben. Die Zwiebel reiben und dazugeben.

Die Sahne schlagen und mit dem geriebenen Meerrettich vermischen. Anschließend mit Salz, Zucker, Muskat und Zitronensaft abschmecken.

Krebsbutter

Zum Braten von Fischen und zu Fischragouts.

Schalen von 2 kg Krebsen ohne Köpfe
250 g Butter
2 Zitronen
etwas Krebssud
Salz, Cayennepfeffer

Die Schalen mit einem Holzhammer auf einem Brett so fein wie möglich zerkleinern. In einer großen Pfanne mit Butter, Zitronensaft und etwas Krebssud dünsten, bis die Flüssigkeit verdampft und die Butter rot wird.

Die Butter abseihen, mit Salz und Cayennepfeffer abschmecken und stocken lassen.

Rouille

Zu Bouillabaisse und geräuchertem Fisch.

2 rote Paprika
1/2 Zwiebel
5 EL Olivenöl
1/2 Tasse starke Hühnerbrühe
3 EL geriebener Parmesan
2–3 EL Semmelbrösel
Salz, Cayennepfeffer

Die Zwiebel in Scheiben schneiden und in Öl glasig braten. Die Paprika waschen, entkernen, in Streifen schneiden und dazugeben. Mit der Hühnerbrühe löschen und langsam dünsten, bis die Flüssigkeit fast verdampft ist, dann kalt stellen.

Die Mischung in der Küchenmaschine mit dem Parmesan zerkleinern, dann die Brösel einrühren und mit Salz und Cayennepfeffer abschmecken.

Nach Geschmack eventuell 1–2 Knoblauchzehen mitdünsten.

Rund um den deutschen Wein

Deutsche Weine schmecken zu allem, was schmeckt

Geschmack oder das, was wir davon wahrnehmen, beginnt nicht erst auf der Zunge oder im Gaumen. Der Duft eines beliebten Gerichts, der uns während der Zubereitung entgegenkommt, läßt uns bereits das Wasser im Mund zusammenlaufen. Die Nase, aber auch die Augen, nehmen dabei die ersten Geschmackssignale auf. Dies gilt auch für die Verkostung von Wein. Der Anblick einer schönen Flasche mit geschmackvoll gestaltetem Etikett und noch mehr der eines eleganten Glases, gefüllt mit glänzendem Riesling oder ziegelrotem Spätburgunder, läßt das Herz jedes Weinfreundes höher schlagen. Erwartungsvoll nehmen Kenner dann mit der Nase den ersten konkreten Duftton des Weines auf und beginnen so die »Geschmacksprobe«. Aromatische Rebsorten mit prägenden Duftnoten, wie beispielsweise Gewürztraminer oder Scheurebe, sind selbst für nicht sehr geschulte Weinfreunde vor dem ersten Zungenkontakt schon so zu identifizieren. Ehemals starre Regeln sind heute freieren Anschauungen gewichen. Jeder trinkt den Wein, der ihm am besten schmeckt. Die folgenden Empfehlungen sollen Ihnen daher die Weinauswahl erleichtern, ohne als Diktat verstanden werden zu wollen.

Die Zutaten von Gerichten und die Menüfolge bestimmen unter anderem die Weinauswahl. Grundsätzlich sollte man bei einem Menü mit leichten Gängen beginnen und dann langsam zu gehaltvolleren Speisen übergehen. Man beginnt beispielsweise mit Salaten, Meeresfrüchten und leichten Vorspeisen und serviert dazu auch leichtere Weine. Dem Hauptgang mit gehaltvollen Gerichten werden dann kräftigere Weine zugeordnet.

Ebenso wichtig wie die Zutaten eines Gerichts ist die Zubereitungsart. Insbesondere die zu den Speisen gereichten Saucen bestimmen die Weinauswahl. Aber auch, ob Fisch oder Fleisch gedünstet, gekocht oder gebraten wird, ist von Gewicht. Und ebenso die Wahl der Gewürze und Kräuter zum Aromatisieren des Gerichts.

Die Verbindung von Wein und Speise kann sowohl Hochgenuß bedeuten als auch die Wahrnehmung feinster Kontraste zwischen Wein und Speise. Trockene oder restsüße Weine? Ebenso falsch wie die frühere These »weißer Wein zu weißem Fleisch, roter Wein zu rotem Fleisch« ist die, daß man grundsätzlich trockene Weine zu Speisen genießen sollte. Richtig ist allerdings, daß süß-dominante Spät- und Auslesen, gleich welcher Rebsorte, einen ausgeprägten Fruchtgeschmack aufweisen und zu herben Speisen (zum Beispiel gebraten oder geröstet) eher einen kräftigen Gegensatz bilden. Herbe, kräftige Speisen kombiniert mit herben, kräftigen Weinen entsprechen mehr den internationalen Gepflogenheiten. Auch deshalb, weil trockene oder herbe Weiß- und Rotweine dezenter erscheinen und deshalb die Eigenart der Speise und ihrer Zubereitungsart mehr in den Vordergrund treten lassen.

Ob trocken oder nicht, dies sollte man keinesfalls als Hürde sehen. Kosten Sie die Weine individuell, und entscheiden Sie sich dafür, was Ihnen besser schmeckt. Verbindliche Regeln des guten Geschmacks sind auf der Grundlage der Vielfalt internationaler Entwicklungen und Gegebenheiten mehr als in Frage gestellt. Es gilt also, eigenen Geschmack und eigene Leitlinien der Zuordnung zu erproben und fortzuentwickeln.

Art der Speise	Art des Weins
leichte, dezente Speisen: – milde Salate – zartes Gemüse – gedünsteter Fisch – gekochtes Fleisch von Kalb und Rind oder Geflügel	trockene bis halbtrockene Kabinettweine, z.B. Riesling, Silvaner, Gutedel, Rivaner (Müller-Thurgau), Kerner, Weißburgunder und Grauburgunder
leichte, würzige Speisen: – zarte Ragouts – frische Pilze – Lamm und Wildgeflügel	trockene bis halbtrockene Kabinettweine, z.B. Rivaner (Müller-Thurgau), Grauburgunder, Bacchus, Scheurebe oder Weißherbste und leichte Rotweine, z.B. Trollinger, Portugieser, Spätburgunder und Schwarzriesling
gehaltvolle, dezente Speisen: – Meeresfrüchte – herzhafter Seefisch – saftige Braten von Kalb, Schwein oder Lamm – fettreicher, milder Käse	saftige, trockene bis halbtrockene Qualitätsweine und Spätlesen, z.B. Weißburgunder, Grauburgunder und reife, trockene Riesling Auslesen; außerdem samtige, dezente Rotlinge und Roséweine sowie milde Rotweine, wie Portugieser und Spätburgunder
gehaltvolle, würzige Speisen: – ländliche Pasteten – gebratener Seefisch – saftige Braten oder Steaks von Rind, Hammel und Wild mit konzentrierten Saucen – Grillgerichte	ausdrucksvolle, trockene bis halbtrockene Qualitätsweine, Spätlesen und Auslesen, z.B. Weißburgunder, Grauburgunder, Traminer, Spätburgunder, Lemberger und Dornfelder
würziger, fettreicher Käse: – zum Beispiel Blauschimmelkäse	reife Spätlesen und Auslesen, z.B. Riesling, Ruländer und Gewürztraminer mit edler Süße

Rebsorten

Das milde Klima der deutschen Anbaugebiete – mit langer Reifezeit der Trauben von Frühjahr bis Spätherbst – verleiht deutschen Weinen ihren typischen Charakter und ihr feines Aroma. Es macht Spaß, den Duft und den Geschmack unterschiedlicher Rebsorten zu entdecken. Jeder kann seinen ganz persönlichen Geschmack finden. Den Kenner begeistert die Fülle an Nuancen, die die klassischen Rebsorten auf unterschiedlichen Standorten und Böden hervorbringen.

Weißwein-Rebsorten

Riesling

Der König der weißen Rebsorten stellt hohe Ansprüche an Boden und Klima und hat das Zeug zu höchst unterschiedlichen Weinen. Sein Geschmacksbild wird oft mit Pfirsicharoma und lebendiger Frische umschrieben. Doch reicht es vom feinsten, mit weniger als 9 Volumenprozent Alkohol extrem leichten Mosel-Saar-Ruwer Kabinett über spritzige, frische Rieslinge aus Rheinhessen und von der Nahe, kräftigen und dennoch feinen Rheingauern bis hin zu vollduftigen, fülligen Pfälzern und erdigen Württembergern. Nicht genug damit: Hinzu kommen die edelsüßen Weine aus der Rieslingtraube, Auslesen und höhere Prädikate, deren Spiel von Frucht, Aroma, Körper, Süße sowie Säure und deren Langlebigkeit kein anderer Wein der Welt zu bieten hat. Außerhalb Mitteleuropas bringt er es selten zu großer Qualität. Riesling ist, wie alle guten Sachen, nicht in riesigen Mengen zu haben – er trägt wenig. Aber weil immer mehr deutsche Winzer qualitätsorientiert arbeiten, steigt seit Jahren der Anteil der Rieslingfläche.

Riesling

Müller-Thurgau

Grauer Burgunder

Farbe: blaßgelb mit zartem Grünstich
Duft, Geschmack: feinfruchtig, Pfirsich, Apfel
Säureausprägung: betont rassig
Körper, Gehalt: leicht

Müller-Thurgau oder Rivaner

Die englische Autorin Jancis Robinson nennt ihn »die berühmteste und anerkannteste Züchtung«. Bedenkt man die große Verbreitung des Müller-Thurgau, so glaubt man ihr gerne. 1882 hat ihn ein Prof. Müller aus dem Schweizer Kanton Thurgau als Leiter der Abteilung »Rebzüchtung« in Geisenheim gezüchtet. Müller-Thurgau-Weine mit zartwürzigem Aroma und milder Säure sind geschmacklich leicht zugänglich und werden aufgrund ihrer harmonischen Charaktereigenschaften gerne getrunken. Die Weine haben ein angenehmes, muskatähnliches Aroma und erfreuen zu zart-aromatischen Speisen Weinfreude in aller Welt. In jüngster Zeit verwendet man verstärkt die als Synonym zugelassene Bezeichnung »Rivaner« für trockene Müller-Thurgau-Weine.

Farbe: blaßgelb bis hellgelb
Duft, Geschmack: blumig duftend, zartes Muskataroma, feine Kräuter
Säureausprägung: mild
Körper, Gehalt: mittel bis kräftig

Silvaner

Der Silvaner ist von dezenter, herzhafter Art, mit geringer Säure und erdiger Substanz. Er war bis Mitte des Jahrhunderts die wichtigste deutsche Rebsorte und verlor dann Boden zugunsten des Müller-Thurgau. Hinsichtlich seines Geschmacks hat er dies nicht verdient: beispielsweise geschliffen-erdige Silvaner aus Franken, die wunderbare Fischbegleiter sein können; Spargel-Silvaner aus Rheinhessen und aus der Pfalz; herzhafte Zech-Silvaner aus der Tradition der Pfalz und des Kaiserstuhls zeigen die ansehnliche Charaktervielfalt des Silvaners.

Farbe: blaß, fast wasserhell
Duft, Geschmack: dezent, sehr verhalten; Apfel, Quitte, frisches Heu
Säureausprägung: mild bis feinrassig
Körper, Gehalt: leicht bis mittel

Kerner

1929 in Weinsberg gezüchtet, wurde die nach dem Weinsberger Dichter Justinius Kerner benannte Sorte rasch populär und ist heute eine der meistangebauten weißen Sorten. Im Vergleich zum Riesling produziert sie mehr Trauben und weniger Säure; auch stellt sie geringere Ansprüche an die Lage.

Farbe: hellgelb bis strohgelb
Duft, Geschmack: feiner Duft, fruchtig, Eisbonbon, Birne, Aprikose
Säureausprägung: feinrassig bis rassig
Körper, Gehalt: mittel bis kräftig

Scheurebe

Georg Scheus Züchtung aus dem Jahr 1916 ist eine der feinsten Bukettsorten, wenn ihr Wein aus vollreifen Trauben gewonnen wird. Dann entfaltet sich der betörende Cassis-Duft. Der Körper wird kräf-

Weißburgunder

tig und verträgt die anhaltende Säure, die den Geschmack des aromatischen Weines lange im Mund verweilen läßt. Die Scheurebe verdient es, alleine genossen zu werden; sie paßt aber auch zu würzigen Ragouts und fruchtigen Desserts. Sie zeigt ihre besonderen Stärken in Verbindung mit asiatisch gewürzten Speisen.

Farbe: hellgelb bis goldgelb
Duft, Geschmack: sehr aromatisch, schwarze Johannisbeeren
Säureausprägung: feinrassig
Körper, Gehalt: mittel bis kräfig

Bacchus

Dem Weingott Bacchus huldigt der Name dieser Neuzüchtung. Die vor allem in Rheinhessen und Franken angebaute Sorte mit feinem Muskatelleraroma gefällt dem Weinfreund durch ihren Körper und den angenehm-aromatischen Charakter, der gut ins deutsche Rebsortenbild paßt.

Farbe: hellgelb
Duft, Geschmack: blumig, zarter Muskatton
Säureausprägung: feinrassig
Körper, Gehalt: leicht bis mittel

Grauer Burgunder

Der Speyerer Kaufmann Johann Ruland entdeckte 1711 eine ihm unbekannte halbwilde Rebe. Man nannte sie Ruländer, obwohl sie im Burgund längst bekannt war. Als Rebe sind Ruländer und Grauer Burgunder identisch. Nur der Lesezeitpunkt ist verschieden: Grauer Burgunder wird früher geerntet.

Doch wie unterschiedlich sind die Weine! Guter Grauer Burgunder, der in Frankreich »Pinot Gris« und in Italien »Pinot Grigio« heißt, hat ein volles Aroma reifer, gelber Früchte (häufig Birne), einen kräftigen Körper und spürbare Säure. Dazu braucht er bescheidene Erträge, warme Böden und gesunde Trauben.

Farbe: strohgelb bis goldgelb
Duft, Geschmack: deutlicher Duft (Honig, frische Nüsse, Birne)
Säureausprägung: mild bis feinrassig
Körper, Gehalt: gehaltvoll

Weißburgunder

Die genaue Herkunft der Sorte kennen wir nicht, auch wenn sie sicherlich vom Spätburgunder abstammt, dessen Ansprüche an Boden und Klima sie geerbt hat. Weißburgunder bringt in Baden und in der Pfalz herrliche Weißweine hervor, die sich wie wenige andere zu leichten, feinen Speisen bewähren. Das war nicht immer so. Es bedurfte einer Renaissance des Weißburgunders als trocken ausgebauter, kräftig in Säure und Alkohol gestärkter Version, bis er sich der Zustimmung anspruchsvoller Weintrinker sicher sein konnte.

Farbe: blaßgelb bis hellgelb
Duft, Geschmack: zarter, verhaltener als Grauer Burgunder
Säureausprägung: feinrassig
Körper, Gehalt: mittel bis kräftig

Elbling

Er wurde schon als »vitis alba« von dem römischen Schriftsteller Plinius im 1. Jahrhundert nach Christus erwähnt und war vor dem Mittelalter in Deutschland weit verbreitet, da er auf nahezu jedem Boden gedeiht. Heute steht er noch am Oberlauf der Mosel. Verhaltener Geschmack, große Ertragsstärke und herzhafte Säure machen ihn zum beliebten Zechwein und Sektgrundwein.

Farbe: blaßgelb
Duft, Geschmack: verhaltener als Riesling
Säureausprägung: betont
Körper, Gehalt: leicht

Gewürztraminer

Gewürztraminer

Schon seit tausend Jahren sind Traminertrauben bekannt. Heute wächst in der Pfalz und am Kaiserstuhl vor allem die Spielart des würzigen Roten Traminer, der den Namen seinen rötlichen Beeren verdankt. Die goldgelbe Farbe, das unverkennbare Rosenaroma, recht hohe Alkohol- und Extraktwerte und der niedrige Säureanteil geben ihm seine besondere Art.
Der Gewürztraminer bringt selten hohe Erträge. Er ist eine der wertvollsten Bukettsorten und paßt zu würzigen Speisen.

Farbe: goldgelb
Duft, Geschmack: stark duftend (Rosen, Honig, mitunter Marzipan), sehr würzig
Säureausprägung: feinrassig
Körper, Gehalt: gehaltvoll

Rotwein-Rebsorten

Deutschland gilt als typisches Weißweinland. Nur etwa zwanzig Prozent der hunderttausend Hektar sind mit roten Rebsorten bepflanzt. Doch immer mehr Weinfreunde haben in den letzten Jahren ihre Vorliebe für unsere Rotweine entdeckt und akzeptieren inzwischen auch die gegenüber ausländischen Gewächsen etwas hellere Farbe. Das Qualitätsniveau ist ebenbürtig, aber im Geschmacksbild sind sie grundverschieden. In den südlicheren Weinbauländern wird durch längere Sonneneinwirkung ein relativ hoher Alkoholgehalt erreicht. Die deutschen Rotweine hingegen besitzen weniger Alkohol, damit weniger Wucht, zeigen dafür aber viele Feinheiten in Duft und Aroma. Bei der Fruchtsäure verhält es sich durch unser nördliches Klima umgekehrt. Durch ausreichende Niederschläge während der gesamten Vegetationsperiode bleibt hier die frische, fruchtige Säure erhalten. Daher verzichten unsere Kellermeister auf höhere Gerbstoffgehalte, die in Stielen und Stengeln der Trauben vorhanden sind und mit denen in südlichen Rotweingebieten das Weinsäuredefizit ausgeglichen wird.
Natürlich spielt beim Geschmacksbild die Rebsorte eine wichtige Rolle. Ob Spätburgunder, Portugieser, Trollinger, Schwarzriesling oder Dornfelder, alle haben ihren eigenen Charakter. Auch das ist ein Unterschied zu anderen Ländern: Dort werden vielfach mehrere Sorten traditionell verschnitten.

Spätburgunder

Die edle und sehr alte rote Sorte verlangt viel Sorgfalt und stellt hohe Ansprüche an Klima und Boden. Sind die Wuchsbedingungen gut, zählt sie zu den schönsten Rotweinen der Welt: vollmundig, samtig, mit einem fruchtigen Aroma und Nuancen von Mandel. Der typische Spätburgunder hat einen leicht süßlichen Duft nach roten Früchten, von Erdbeere über Kirsche bis Brombeere.
In der Vergangenheit wurden die besten deutschen Spätburgunder aus hochreifen Trauben gewonnen, nicht sehr farbintensiv, mild und gerbstoffarm und von rostroter Farbe. Neben diesem klassischen Typ gewinnt der »moderne« Spätburgunder mit kräftigem Rot, mehr Gerbstoff und häufig kurzer Lagerung im kleinen Eichenfaß (Barrique) immer mehr an Bedeutung.

Farbe: tiefrot
Duft, Geschmack: deutlich, manchmal Brombeerton, zarter Mandelton
Säureausprägung: weich, samtig, feine Gerbsäure
Körper, Gehalt: gehaltvoll

Portugieser

Mit Portugal hat er nur den Namen gemeinsam, er stammt aus dem Donauraum. Die meist hellroten, weichen Weine mit mäßigem Säure- und Gerbstoffgehalt gehören zu den einfacheren, umkomplizierten Roten. Sie können bei sehr vielen Gerichten genügsame Essensbegleiter sein. Viele Winzer bauen ihre Portugieser zum Weißherbst aus, der als trockener oder lieblicher Sommerwein viele Freunde hat.

Spätburgunder

Dornfelder

Lemberger

Farbe: hellrot
Duft, Geschmack: verhalten, fast neutral, feinfruchtig (Erdbeeren), manchmal Pfefferton
Säureausprägung: mild, etwas betonter als Burgunder
Körper, Gehalt: leicht

Trollinger

Diese Württemberger Spezialität, der Leib- und Magenwein des schwäbischen »Vierteleschlotzers«, hat seinen Namen aus Tirol: Tirolinger war der Wortursprung. Heute heißt er in Tirol »Vernatsch«. Er ist Klima und Boden gegenüber genügsam und ermöglicht große Ernten. Der meist einfache, harmonische und leichte Rotwein hat ein helles Rot und mittlere Säure.

Farbe: leuchtend hellrot bis blaßrot
Duft, Geschmack: feinblumig, zarter Muskatton, fruchtig (Wildkirschen)
Säureausprägung: betont rassig
Körper, Gehalt: leicht

Schwarzriesling

In offiziellen Rebsortenlisten findet man für diese Rotweinsorte meist die Bezeichnung »Müllerrebe«. Die Herkunft geht auf Burgund zurück, wo diese Rebsorte seit über 400 Jahren bekannt ist. Auch der Schwarzriesling ist eine Mutation aus dem Spätburgunder. Mit dem weißen Riesling hat er nichts zu tun. Bei uns ist der Schwarzriesling fast ausnahmslos in Württemberg beheimatet.

Farbe: tiefrot bis schwarzrot
Duft, Geschmack: ingesamt burgunderähnlich
Säureausprägung: weich bis feinrassig
Körper, Gehalt: mittel

Dornfelder

Die erfolgreichste rote Neuzüchtung entstand 1955 in Weinsberg und sollte ursprünglich nur der Verbesserung der Farbe hellroter Sorten dienen. Doch bald machte der »Rotschopf« sich selbständig und konkurrierte mit seiner tiefroten Farbe und herzhaftem Gerbstoff in vielen Weinstuben ernsthaft mit südländischen Rotweinen.

Farbe: schwarzrot
Duft, Geschmack: fruchtig (Sauerkirsche, Brombeere, Holunder)
Säureausprägung: betont, gerbstoffreich
Körper, Gehalt: gehaltvoll

Lemberger

Warm und windgeschützt will die fast nur in Württemberg angebaute, hochwertige Rotweinrebe stehen. Der Winzer braucht viel Geduld, ihre Trauben zur vollen Reife zu bringen. Doch dann lohnt sie es mit köstlichem Wein: dunkel und gerbstoffreich, aber mit spürbarer Säure, sehr gut lagerfähig und neben dem Dornfelder der Rotwein, der in Farbe und Geschmack am ehesten »südländische« Eigenschaften zeigt.

Farbe: tiefrot bis schwarzrot
Duft, Geschmack: blumig (Holunder), Sauerkirsche, Pflaume
Säureausprägung: säurebetont, gerbstoffreich
Körper, Gehalt: kräftig

Die Weinarten

Das deutsche Weingesetz unterscheidet fünf Weinarten. »Art« bezieht sich auf die Farbe des Weins oder auf die Art der Produktion.

Weißwein: aus weißen Trauben

Rotwein: aus roten Trauben, die »rot« gekeltert werden, um die Farbe zu erhalten

Rosé: aus roten Trauben, die – wie weiße Trauben – gleich gekeltert werden; die Farbe ist daher blaßrötlich

Rotling: entsteht durch eine Mischung aus roten und weißen Trauben oder deren Maische und hat eine rötlich schillernde Farbe

Perlwein: ein Wein mit natürlicher oder zugesetzter Kohlensäure im Bereich Tafel- oder Qualitätswein

Das Weinetikett

Was auf dem Etikett stehen muß

Das Weinetikett ist der Kompaß für den Käufer. Wer es zu lesen versteht, hat den ersten Schritt zum Weingenuß getan. Sechs Angaben muß jedes Etikett tragen, so bestimmt es das Gesetz:

Qualitätsgruppe

Jede Flasche Deutschen Weines ist klar und unmißverständlich gekennzeichnet:

- als deutscher Tafelwein/Landwein,
- als Qualitätswein bestimmter Anbaugebiete
- oder als Qualitätswein mit Prädikat

Hiermit differenziert das deutsche Weinrecht anders als die Europäische Union (EU), die nur zwischen Tafelwein und Qualitätswein unterscheidet.
Die Einreihung der konsumreifen Weine in die Güteklassen erfolgt erst nach Anerkennung durch die zuständige Prüfbehörde. Dieses Prinzip gilt nach System und Umfang als einmalig.

– *Deutscher Tafelwein:* Er muß ausschließlich aus im Inland geernteten, zugelassenen Rebsorten stammen. Es sind einfache, bekömmliche und erfrischende Schoppenweine.

– *Deutscher Landwein:* Dieser ist eine gehobene Stufe des Tafelweines. Es sind herzhafte und frische Weine mit etwas mehr Körper und Charakter als einfache Tafelweine.
Je nach Jahrgang entfallen nur zwischen ein und fünf Prozent auf deutsche Tafel- und Landweine.

– *Qualitätswein b.A.:* »Qualitätswein bestimmter Anbaugebiete« – auch kurz QbA genannt – ist die Kategorie, zu der die meisten deutschen Weine gehören. Ein QbA darf nur aus einem einzigen der dreizehn bestimmten Anbaugebiete Deutschlands stammen. Und er muß die typischen Merkmale seines Anbaugebiets aufweisen, wenn er die amtliche Qualitätsweinprüfung bestehen will, der sich jeder QbA – im Unterschied zum Tafel- oder Landwein – zu stellen hat. Denn erst aufgrund des Prüfungsbescheides darf die Bezeichnung QbA auf dem Etikett erscheinen.
Die schlichten Qualitätsweine werden, ebenso wie die Landweine, von den Winzern selbst als täglicher Schoppen genossen. Auch bei den geübten Weintrinkern wird diese Gewohnheit in zunehmendem Maße beobachtet.

– *Qualitätswein mit Prädikat:* Qualitätsweine mit Prädikat, oft auch nur Prädikatsweine genannt, sind eine deutsche Besonderheit. Im Gegensatz zu Tafelwein und Qualitätswein b.A. dürfen Prädikatsweine nicht angereichert sein. Für sie gelten daher auch die höchsten Anforderungen in der Qualitätsprüfung hinsichtlich Sortenart, Reife, Harmonie und Eleganz. Diese Weine können je nach Reifegrad, Leseart und entsprechend ihrer individuellen Degustationsstruktur eines der nachfolgenden Prädikate erhalten.

Kabinett: Feine, leichte Weine aus vollreifen Trauben, die zugleich als die leichtesten Qualitätsweine weltweit bekannt sind. Sie können wirklich unbeschwert genossen werden.

Spätlese: Weine von vollreifen Trauben, die in einer späteren Lese geerntet werden. Sie sind intensiver im Geschmack, aber nicht unbedingt süß. Es sind reife, elegante Weine, die auch zu kräftig gewürzten Gerichten passen, vor allem wenn sie trocken ausgebaut wurden.

Auslese: Edle Weine aus vollreifen Trauben. Diese Weine bestechen durch ihr feines Bukett, die Fülle an Aromastoffen und durch einen Gehalt an dezenter, reifer Säure. Im allgemeinen sind sie schon etwas süßer, aber es gibt auch trockene Auslesen.

Beerenauslese: Volle, fruchtige Weine, die nur aus überreifen, edelfaulen Beeren gewonnen werden. Es sind seltene, besonders reichhaltige, süße Dessertweine mit dem unverkennbaren Aroma der Edelfäule (Botrytis Cinerea).

Trockenbeerenauslese: Die Weine dieser höchsten Prädikatsstufe werden aus rosinenartig eingeschrumpften, edelfaulen Beeren gewonnen. Diese hochkarätigen Tropfen sind süß und schmecken honigartig. Es sind Kostbarkeiten, die man in kleinen Gläschen als Aperitif oder auch nach einem festlichen Essen genießt.

Eiswein: Eine besondere Rarität. Diese Weine werden aus Trauben von mindestens Beerenauslesequalität gewonnen. Sie dürfen jedoch nur in gefrorenem Zustand gelesen und auch nur in gefrorenem Zustand gekeltert werden, so daß nur das stark zucker- und aromahaltige Konzentrat ausgepreßt wird. Es sind einzigartige Weine mit bemerkenswerter Konzentration an fruchtiger Säure und Süße.

Herkunft – Ursprung

Jeder deutsche Qualitätswein stammt zur Gänze aus einem der dreizehn bestimmten Anbaugebiete, deren Name auf dem Etikett zu lesen ist. Für Prädikatsweine gelten noch strengere Herkunftsbedingungen: Die Trauben müssen in einem einzigen Bereich geerntet worden sein. Elf der deutschen Anbaugebiete liegen ziemlich konzentriert im Südwesten, die restlichen beiden Gebiete im Osten von Deutschland, alle auf dem 50. Breitengrad, also auf der Höhe von Labrador. Daß in Deutschland Wein wächst, verdanken wir dem Golfstrom und seinem Einfluß auf unser Klima. Die Weinberge liegen an steilen südlichen Hängen, in geschützten Tälern und fast immer in der Nähe eines Flusses, der das Klima temperiert. Das Wasser reflektiert die Sonnenstrahlen und hilft damit, die Lichteinwirkung zu verstärken. Im Herbst steigen Dunst und Nebel auf und schützen die Reben vor zu frühem Frost. Neben dem Klima der jeweiligen Gegend kommt es auch noch auf das »Kleinklima« des Weinbergs an: Die Richtung und der Winkel der Sonneneinstrahlung, die Intensität des Lichtes, das von den Flüssen reflektiert wird, eine schützende Hügelkette oder ein bewaldeter Gipfel, der den Wind ablenkt – all dies hilft Trauben und Wein,

Einflüsse von Boden und Klima auf den Gebietstyp unserer Weine

Anbaugebiet	*Bodenart*	*Weincharakter*
Ahr	Vulkanerde, Schiefer	samtig, rassig
Baden	Löß, Lehm, Vulkanerde	körperreich, samtig
Franken	Muschelkalk, Keuper	erdig, kräftig, mit frischer Säure
Hessische Bergstraße	Löß	elegant, fruchtige, ausgeprägte Säure
Mittelrhein	Schiefersteil-hänge und Grauwacke	rassig, fruchtige Säure
Mosel-Saar-Ruwer	Schiefersteil-hänge, reich an Mineralien	rassig, feinduftig, pikant
Nahe	Löß, Lehm, Quarzit, Por-phyr	feinrassig, duftig, fruchtig
Pfalz	Lehm, verwit-terte Kalkböden	kräftige Art, vollmundig
Rheingau	Löß, Lehm, verwitterter Schiefer	elegant, feinfruchtige Säure, rassig
Rheinhessen	Löß, Sand- und Kalkböden	mild, aromatisch, vollmundig
Saale-Unstrut	Muschelkalk, Buntsandstein	erdig, feinfruchtig
Sachsen	Löß, Granit, Porphyr, Sand-stein	kräftig, feinrassig
Württemberg	Muschelkalk, Mergel, Löß	kräftig, robust, säurebetont

Geschmack, Fülle und Qualität zu erreichen. Der Boden in unseren Anbaugebieten ist ausgesprochen vielschichtig. Er bestimmt nicht nur das Gedeihen der Reben, sondern er beeinflußt auch ganz wesentlich den Geschmack des Weins. Dabei kommt es auf die unterschiedlichen Mineralien und Spurenelemente an, die eine Rebe aus der Tiefe des Bodens zieht. Und je mehr Zeit die Trauben zum Reifen haben, um so mehr dieser aromabestimmenden Elemente werden aufgenommen.

Erzeuger oder Abfüller

Hier haben wir also den Vater des Weins oder denjenigen, der mit seinem Namen als Abfüller für das Produkt einsteht. »Erzeugerabfüllung« oder Gutsabfüllung bedeutet, Anbau, Herstellung und Abfüllung liegen in den Händen eines Winzers, einer Winzergenossenschaft oder eines vergleichbaren Zusammenschlusses von Winzern und Kellereibetrieben. Für die neu eingeführte Bezeichnung »Gutsabfüllung« gelten zusätzliche Bedingungen. Diejenigen Winzer, die Trauben, Most oder Wein an ihre Weinhändler verkaufen, erscheinen nicht auf dem Etikett. Hier übernehmen die Abfüller die Garantie für Weinausbau und Qualität. Auf dem Etikett steht dann: »Abfüller Weinkellerei...«

Amtliche Prüfungsnummer

Die Prüfungsnummer belegt die Identität und Güte des Weins, mit der die Verantwortlichen festzustellen sind.
Die amtliche Prüfung besteht aus der Leseprüfung, einer analytischen Prüfung und der Sinnenprüfung zur Feststellung der gesetzlich für jeden Qualitätswein normierten Mindestbedingungen. Die Sinnenprüfung wird, wie bei den Weinprämierungen, als Weinbewertung nach dem von der Deutschen Landwirtschaftsgesellschaft entwickelten DLG-5-Punkte-Schema durchgeführt: Wein will mit allen Sinnen erfaßt und bewertet werden, mit den Augen betrachtet, mit der Nase berochen und mit der Zunge und dem Gaumen geschmeckt. Bei der Sinnenprüfung werden die Merkmale Geruch, Geschmack und Harmonie einer ins einzelne gehenden Bewertung unterzogen. Jedes Merkmal wird für sich allein bewertet und ist auch gleich gewichtet, wobei es eine Punktzahl zwischen Null und Fünf erreichen kann. Die Summe der drei Einzelbewertungen durch drei geteilt ergibt die eigentliche Qualitätszahl – einen Wertmaßstab, der bei Null beginnt und bei 5,0 endet.
Bei der Qualitätsweinprüfung muß ein Wein mindestens 1,5 Punkte erreichen, um die Prüfnummer zu erhalten; bei der Bundesweinprämierung sind 3,5 Punkte für einen Bronzenen, 4,0 für einen Silbernen und 4,5 für einen Großen Preis notwendig. Die Bewertung eines Weines ist stets das Durchschnittsergebnis einer Prüfgruppe, wenn es sich um eine Prämierung handelt. Vier erfahrene Prüfer bewerten zunächst jeden Wein für sich, erst dann geht jedes Einzelurteil in das Gesamturteil ein. Mit diesem einfachen, aber sicheren Prüfschema ist auch der weininteressierte Laie in der Lage, die Arbeit der Prüfer nachzuvollziehen.

Flascheninhalt

Der Flascheninhalt ist in jedem Fall auf das Etikett zu drucken. Üblich sind Inhalte von 0,75 Liter und 1 Liter.

Alkoholgehalt

Der vorhandene Alkoholgehalt des Weines ist in Volumenprozent auf dem Etikett angegeben.

Mögliche zusätzliche Angaben

Neben den eben genannten Angaben kann das Weinetikett noch eine Reihe weiterer Informationen enthalten.

Jahrgang

Die deutschen Rebsorten sind zwar so auf unser Klima eingestellt, daß sie nahezu jedes Jahr einen guten, ansprechenden Wein liefern. Trotzdem gibt es Unterschiede. In dem einen Jahr überwiegt vielleicht eine markante, fruchtige Säure. Im nächsten Jahr bestimmt möglicherweise eine feine, harmonische Süße des Mostes den Charakter des späteren Weines. Für Weinkenner sind diese Feinheiten der Jahrgänge wichtig. Und nach dem Jahrgang richtet sich schließlich auch die Lagerfähigkeit besonders edler Weine. Übrigens, die ganz großen Jahrgänge sind, wie fast überall auf der Welt, selten. Bei uns zählen zum Beispiel der 1971er und 1976er dazu. Und noch seltener sind die Jahrhundertweine, wie zum Beispiel der 1921er und der 1953er.

Rebsorte

Weltweit sind etwa 8000 Rebsorten bekannt. In Deutschland dürfen davon nur etwas mehr als 50 angebaut werden, die in unserem Klima besonders gut gedeihen.

Geschmacksrichtung

Auf den Weinetiketten findet man in den letzten Jahren immer häufiger gesetzlich zugelassene Geschmacksangaben, zum Beispiel »trocken« oder »halbtrocken«. Es sind Weine, die besonders gut zum Essen schmecken.

Trockene Weine sind vollständig durchgegoren. Sie dürfen nach dem Gesetz grundsätzlich nicht mehr als 4 Gramm und bei höherer Säure nicht mehr als 9 Gramm Restsüße enthalten. Halbtrockene Weine dürfen bis zu 18 Gramm Restsüße aufweisen.

Manchmal werden trockene oder halbtrockene Weine auch farblich gekennzeichnet. Die Flaschen sind dann mit farbigen Siegeln oder Streifen ausgestattet, oder das Etikett wird farbig gedruckt. Im allgemeinen bedeutet gelb = trocken und grün = halbtrocken.

Engere Herkunftsbezeichnung

Qualitätsweine b.A. können auch engere Herkunftsbezeichnungen führen, zum Beispiel den Namen eines Bereichs, eines Weinorts und/oder einer Lage. Diese Herkunftsangaben sind besonders für den Weinkenner von Wichtigkeit.

Sonstiges

Einzelne Betriebe gehen dazu über, Analysedaten wie Restzucker auf den Rückenetiketten aufzuführen.

Schließlich gestattet der Gesetzgeber auf dem Etikett noch zweckdienliche Angaben zur Verwendung des Weines, also Hinweise zur Harmonie von Essen und Trinken oder zur Trinktemperatur.

Was die Flasche noch verrät

Siegel und Prämierungsstreifen

Am weitesten verbreitet ist das Deutsche Weinsiegel. Um dieses Gütezeichen zu erhalten, muß der Wein bei der Bewertung eine höhere Einstufung erreichen, als sie für die Vergabe der A.P.-Nr. verlangt wird. Das gelbe Weinsiegel steht für trockene Weine, das grüne für halbtrockene, und das rote für liebliche oder süße Weine.

Neben dem Deutschen Weinsiegel gibt es noch Verbandsgütezeichen für badische und fränkische Weine. Zu den Auszeichnungen für Weine mit überdurchschnittlicher Güte zählen die Preise der DLG-Bundesweinprämierung: Großer Preis Extra sowie Großer, Silberner und Bronzener Preis. Diese jährlichen Wettbewerbe, bei denen besonders hohe Anforderungen gestellt werden, finden zunächst auf regionaler Ebene statt. Nur Weine, die bei den Landesweinprämierungen erfolgreich waren, können dann in einer zweiten Stufe an der nationalen Bundesweinprämierung der DLG teilnehmen.

Schaumwein und Sekt

Bei Schaumwein und Sekt sieht das Etikett ähnlich aus wie beim Wein. Viele Angaben, wie Herkunft, Jahrgang, Weinart, Rebsorte, Alkoholgehalt, Flascheninhalt, die amtliche Prüfungsnummer und die Angaben über den Erzeuger, gleichen den Angaben auf Weinflaschen. Wir konzentrieren uns daher auf das, was auf dem Sektetikett anders ist.

Schaumwein wird durch eine erste oder zweite Gärung gewonnen. Deutscher Sekt ist Qualitätsschaumwein, der ausschließlich durch eine zweite Gärung hergestellt wird. Für die Herstellung von Sekt kommen drei Verfahren in Frage: Die klassische oder traditionelle Flaschengärung, das Transvasierverfahren und die Großraumgärung. Die beiden letzteren werden normalerweise nicht genannt. Die Geschmacksangaben bei Schaumwein unterscheiden sich merklich von denen für Wein, was besonders bei den Begriffen »trocken« und »halbtrocken« deutlich wird. Trockener Sekt und trockener Wein sind zwei Paar Stiefel. Trockener Sekt hat nämlich mehr Restssüße als trockener Wein. Wer also einen herben oder trockenen Sekt wünscht, sollte zu einem mit der Bezeichnung »extrabrut«, »brut« oder »extra trocken« greifen.

Vom Umgang mit Wein

Wein richtig lagern

Ideal für die Lagerung von Weinen ist ein dunkler, kühler Raum mit feuchter Luft und einer möglichst gleichbleibenden Temperatur zwischen 8° und 12° C oder 10° bis 15° C, wenn Rotwein dabei ist. Wärme und Licht schätzen Weine nicht. Auch sollte man sie nicht in der Nähe von Lebensmitteln oder anderen Waren lagern, die starke Gerüche abgeben. Denn Weine »atmen« durch die Korken und neigen dazu, Gerüche aufzunehmen. Wenn Sie keinen Keller oder eine andere Lagermöglichkeit haben, die diese Bedingungen erfüllt, sollten sie auf jeden Fall einen Ort wählen, der nicht allzu starken Temparaturschwankungen ausgesetzt ist. Warme Stellen in der Küche oder helle, luftige Plätze in Fensternähe sind jedenfalls nicht zu empfehlen. Wein sollte immer liegend lagern, damit der Korken feucht und elastisch bleibt. Nur Weine mit Metallverschlüssen können stehend gelagert werden.

Wein richtig servieren

Deutsche Weine passen zu jeder Gelegenheit. Sie stimulieren mit ihrer Frische und Leichtigkeit, und sie sind perfekte Begleiter zu unserer heutigen leichten Küche. Wird ein Wein zu kalt oder zu warm serviert, verliert er an Bukett und Geschmack. Daher sind rechts die empfohlenen Trinktemperaturen angegeben.
Wenn Sie eine Flasche Wein öffnen wollen, schneiden Sie zunächst den oberen Teil der Kapsel ab – falls es nicht eine Lasche zum Abziehen gibt. Danach den Flaschenhals abwischen, und erst dann den Korken ziehen. Wählen Sie klare, farblose Gläser mit Stiel und einem tulpenförmigen Kelch. Ein oben schlanker werdendes Glas hilft, das Bukett länger zu bewahren, und es erleichtert das Schwenken des Weins im Glas. Füllen Sie das Glas immer nur bis zur Hälfte mit Wein.

Optimale Trinktemperaturen

Weißwein	*bis Spätlese*	*ab Auslese*
jung (bis 5 Jahre)	9–11°C	10–12°C
älter (über 5 Jahre)	10–12°C	12–14°C
Weißherbst/Rosé		
jung (bis 3 Jahre)	9–13°C	12–14°C
älter (über 3 Jahre)	12–14°C	12–14°C
Rotwein		
jung (bis 3 Jahre)	14–16°C	17–19°C
älter (über 3 Jahre)	16–18°C	17–19°C
gerbstoffbetont	17–19°C	
Schaumwein (Sekt)	8–10°C	

Möchten Sie mehr über deutsche Weine erfahren? Haben Sie Lust, mit dem Weinatlas oder per Video eine Reise durch deutsche Anbaugebiete zu unternehmen? Fordern Sie einfach weitere Informationen an: Deutsches Weininstitut, Marketingkoordination, Gutenbergplatz 3–5, 55116 Mainz.

Register der Rezepte

Die kursiv gesetzten Rezepte können jeweils auch mit der darüber stehenden Fischart zubereitet werden.